性愛と結婚の日本史

加来耕三

祥伝社黄金文庫

はじめに

「婚活」しても、結婚できないアナーキーな時代

いまから書くことは、目下「婚活」という人類はじまって以来の課題に、真正面から挑み、苦労している人たちには、何の役にも立たない。否、むしろ有害となろう。

日本人の性と恋愛について――。

昨今、日本では男女の恋愛自体がなかなか難しく、結果としての結婚、家族の成立もはかばかしくない。人口は減りつづけ、むしろ町村から市、県、国へと解体に向かっている、といっても過言ではあるまい。おそらくこの現象は、これから起きる大きな社会変革の、ほんの前触れなのだろう。

だが、以前の日本史にはこのような事態はあり得ず、見方を変えれば空前絶後の国家的危機といえる。なにしろ『古事記』の昔から、日本人は〝性〟に対して実に大ら

かであり、恋愛が何よりも大好きな民族であったといえる。驚くほどに、男女共に日本人は、異性に対して自由奔放《ほんぽう》であった。第一章で詳しくみるが、日本では性愛から恋愛へ、そして結婚へと進むのが古代・中世の「婚活」であったといえる。

それは原始の多夫多妻制の時代、女性蔑視と決めつけられがちな古代・中世の一夫多妻制の時代であっても、現代の一夫一婦制からは想像もできないほどの、〝心地良さ〟をもっていたからこそ、長い歳月つづけられてきたのだ。

性愛も恋愛も結婚も、仮想現実感《バーチャル・リアリティ》である場合を除いて、二人以上の複数人でするものである。プロポーズする者とそれを受ける者。受ける側にとっては、自らの大切な時間と体力と、それに相手の言動における喚起《かんき》＝想像力を提供しなければならない。魅力のない相手のプロポーズは、自らの一生を台なしにしてしまう。

だからこそ、日本では昭和の敗戦後であっても、庶民の間では一夫一婦制の組み合わせにいたるまでに、伝統的な〝多夫多妻制〟の婚姻習俗は生きつづけていたのである。十五歳から二十歳ぐらいの間に、男女共に性の解放と、自由なパートナーの選択が許されるシステムを、社会は備え持っていた。

　ところが昨今、自由結婚の時代の流れの中で、恋愛圏はグローバル化して、外国をも加える広がりをみせ、一方ではタブーなき性の自由化が進み、女性自身が妊娠をコントロールできる〝ピル〟（経口避妊薬）を持ち、これが世界的に普及したにもかかわらず、結婚は逆に、弱肉強食の競争時代を迎え、懸命に「婚活」をしても相手を得られない男女が急増している。

　加えて、結婚適齢期といわれた、「結婚しなければならない」という期間の強迫観念、周囲からの圧迫も消え、それどころか結婚それ自体が、するもしないも本人次第という、歴史上かつてない、きわめてアナーキーな状況が創り出されてしまった。

　モテない男女はいつしか、己れの殻にとじこもり、シニカルに世を拗《す》ねるか、気を鬱《うつ》したあげく、オタクの世界に迷い込む。結果、諦《あきら》めと舌打ちとともに、一生独身の道を選択する。女性はやがて、科学の力を借りて単性生殖する道を選ぶだろう。

　そうした諦めの前に、明らかにしておきたい歴史的事実がある。日本では、恋愛結婚による一夫一婦制の歴史が、きわめて短かったという史実だ。換言すれば、モテない男女の結婚断念の道は、恋愛を前提としたからこその結論であった、といえる。

恋愛と結婚は本来別もの

なぜ、結婚が雲を摑《つか》むような話になってしまったのか。

このままでは早晩、恋愛すらが意味不明の時代がやって来るのではあるまいか。

そうなれば、キリスト教が唯一、世界史に定着させたとされる一夫一婦制は、そもそも無理なものであったことが、歴史的に実証されるに相違ない。キリスト教における道徳が、消える時代がやって来るかも。

しかし、現在と未来を嘆《なげ》く前に、過去に目を向けていただきたい。

とりわけ「婚活」にいそしむ志《こころざし》のある人は、結婚の前提としての〝性〟と恋愛を、歴史の世界に検証してもらえればと思う。実は、この恋愛から結婚――この流れそのものが、そもそもわれわれの思い込みにすぎないものであった。

詳しくは本章で述べるが、日本では源《みなもとの》頼朝《よりとも》が武家政権を樹立するようになって以来、太平洋戦争が終わるまで――否、法律的には〝赤線区域〟（戦後、復活した公娼制度）が、売春防止法の施行によって消滅する昭和三十二年（一九五七）四月まで

──は、恋愛は一般男性とその道の専門職の芸者や遊女、今日風にいう風俗関係の女性を相手とするものであり、堅気の、素人《しろうと》の女性と男性が恋愛することは、そもそも結婚とは別次元のものであった。恋愛は悪事とみなされ、日本人男女はむしろ、窒息《ちっそく》しそうになりながらこのタテマエに耐え、社会全体では表向き厳禁されてきたのだ。

したがって、鎌倉時代から江戸時代までの武家、明治・大正・昭和も戦前生まれの男女の大半は、いずれも〝本もの〟の恋愛を知らなかったし、欧米風の恋愛作法を実践したこともなかった。明治に制定された大日本帝国憲法では、家長（父や兄）の許可がなければ、そもそも結婚はできなかったのである。

「出生動向基本調査」に拠《よ》れば、昭和十五年（一九四〇）から同十九年（一九四四）にかけて、恋愛結婚十五パーセント弱に対して、お見合い結婚は約七十パーセントに達していた。それが昭和四十年（一九六五）から同四十四年（一九六九）には逆転し、平成も二十二年（二〇一〇）になると、お見合い結婚は五・二パーセントとなっている。

結婚は恋愛によってこそ成立するものだ、との思い込みが、戦後の高度経済成長期以降、改めて強くなったのだろう。ところが、その恋愛結婚の平均初婚年齢はとなると、昭和六十二年（一九八七）の調査では、夫が二十七・三歳、妻が二十四・七歳であったものが、平成二十二年（二〇一〇）の調査では夫二十九・三歳、妻二十八・一歳に上昇していた。日本人の晩婚化は、確実に進んでいる。

——なぜ、こうなったのであろうか。

蛇足ながら、昨今の「口説けない」男性と「口説かれたい」女性を象徴しているのが、ネット上での出会いの場を提供する、サービスの増加にも現われていた。

平成二十六年（二〇一四）にリクルートブライダル総研が、二十代から四十代の男女を対象とした恋愛観を調査した記録に拠れば、約一割の人が出会いのきっかけに「SNS」（ソーシャル・ネットワーキング・サービスの略。知人同士が互いの人間関係を紹介しあい、新たなコミュニケーションを広げるインターネット上のサービス）や「インターネット」と回答していた。

その一方で、本来は結婚に最も近い環境であるはずの、会社やサークル——自らが所属するもの——の中での、恋愛に関して消極的な人が、とりわけ二十代に多いとの結果が出ていた。恋愛の作法を知らないがゆえに、顔見知りの中では相手を探しにくく、顔の見えないネットの世界で互いに手さぐりの状態――そんな中でメールのやりとりをして、相手を知ろうとし、あわせて選択をもしているのだろう。

日本史結婚の条件

謎解きをする前に、先に述べた欧米の恋愛の作法について言及しておきたい。

一言でいえば、キリスト教の伝統的な精神文化に尽きた。

まず、女性の処女性、純潔を重んじて、それを尊重しつつ、結婚にいたる手段を講じることである。ヨーロッパでは、レディ・ファーストが中世以前より常識化しており、あわせて女性が喜ぶような態度をとるべく、ノウハウが代々、男性には蓄積されていた。美術・音楽のみならず、趣味の世界はその手段を、エレガントにみせるための演出道具であり、食事のテーブルマナーしかり、洗練された女性の扱い、女性を口説く術《すべ》を、彼らは幼少の頃から体験し、経験をつみ重ねていたのである。

もっともこれらは、何も欧米諸国の専売特許ではなかった。

日本でも中世の半ばまでは、ヨーロッパ以上に煌《きら》びやかな歴史＝恋愛から結婚にいたるプロセスを、大切にする国柄が存在した。ギャラントリー（女性に対する奉仕精神）も、欧米諸国に決して負けていなかった。

いわずもがなのことながら、今も昔も結婚には利害の計算、勘定高《かんじょうだか》さが付随した。なにしろ日本には、嫁入りという結婚の儀式はなく、あったのは婿入りのみである。女性に気に入られなければ、そもそも結婚は成り立たなかったのだ。

日本の場合、男性は和歌、手紙、音楽の演奏が作法としてもちいられた。和歌にはトラノ巻（指南書）まで、平安時代にはすでに出回っている。

互いに呼び合う〝よばい〟――いつしか「夜這い」になり下がってしまったが――の古代から、『万葉集』を例にあげるまでもなく、貴族も庶民も歌を詠《よ》み、庶民は「歌垣《うたがき》」（野外集会場）で恋歌の応酬をやって相手を見つけ、踊り、貴族は雅楽を演奏し、男性は女性の気をひく工夫をして、「婚活」はそれこそ華やかなものであった。

徳川家康《とくがわいえやす》と同じ元和二年（一六一六）にこの世を去った人物に、イギリスのウィリアム・シェイクスピアがいた。彼の時代、彼《か》の国では八十パーセントの女性が文字を読めなかった。日本の女性は識字率においても、世界屈指のレベルであったのだから、江戸・明治の時代となっても、遊女は誰しも文《ふみ》が書けた。囚《とら》われの世界から外にむかって、恋愛を語るためには、字が書けなければならなかったからだ。

欧米諸国に負けない、恋愛作法の技術をもっていた日本人が、それをいつ喪失したのか。昨今の離婚・非婚が当たり前といわれる時代にあって、恋愛下手な男女はどうすればその境遇から脱することができるのか。すべては、歴史にヒントがあった。

恋愛と結婚がどのように濃厚に絡《から》み合い、分離したのかは、これから本章でみていきたい。読者諸氏は、その歴史観を知るべきである。

しかしその前に、明らかにしておきたいことがある。そもそも現代日本において、結婚は必要なのか、という前提の問いかけである。

グローバルな自由競争の恋愛時代――一見、過去とは別世界のようにみえる現代社会は、全体の雰囲気からすれば、大正・昭和の戦前の日本にもどったのではないか、と筆者は疑っている。戦前の日本は、実にわかりやすい社会であった。

資本家と労働者しか存在しない、大きく二分された社会であったといえる。

華族と呼ばれる特権階級や企業経営者、大地主は、財産もあり地位も高く、収入も多かった。学歴もほぼ、それらに比例していたといってよい。それだけに女性を求めるにしても、正妻以外に実力に応じて複数を得ることができた。

次に労働者の上位、ホワイトカラーは学歴はほどほどで、収入もそこそこあり、生活の安定していた人々である。彼らは都市部のサラリーマン、自作農も含め、妻をもち、家族を形成することができた。その下位に位置する労働者、小作人や工場の日雇い人夫の中には、収入が低すぎて、妻子をもてない者もいた。そういう場合、彼らは子供をあきらめ、女性を一時借りる（買う）形をとった。古代のものではなく、中世以降の意味合いとなる、〝一夜妻〟である。

では、何ももたない者、すなわちルンペンプロレタリアートはどうであったか。当然、女性をもつことも、借りることもできなかった。子供も同断である。

「永久就職」にならなくなった結婚

──戦後、高度経済成長の時代では、低所得者は中程度に、場合によっては上層へと成りあがることも可能であった。

が、デフレを十年以上経験し、低成長時代を生きる今の日本人は、若くして恋愛結婚しても、転職・退職も含め、途中でつまずき、人生を予定通りには生きられず、昇給しなかった収入の問題で挫折。離婚にいたるケースも少なくなかった。

恋人に逃げられて、妻に離婚され、それを追いまわすストーカーは一面、一昔前のルンペンプロレタリアートのエピゴーネン（亜流）のようにも見えなくはない。追えば追うほど、己れをみじめにしてしまう。ならばいっそのこと、恋愛も結婚も望まないほうがいい。そう考える若者は存外、多いのではあるまいか。

子供の数が戦前に比べ、きわめて少なくなったことも大きな要因といえよう。

家族全体のボリュームが小さくなったこともあり、親も子を手もとから離したがらず、子ばなれ、親ばなれのできない親子が増えた。

つまり、親の方も結婚しないことをグチりながら、内心、現状のままでもいい、との認識をもつようになった、ということだ。世間という目に見えない圧力も、すでに霧散している。娘が夫と離婚して、孫を連れて帰って来て喜ぶ実家の親も、普通になってきた。世間体が消滅したのだ。

それでいて未婚の男女に、結婚したいかどうかと問えば、九割が「結婚したい」と答える。が、現実には結婚しない（できない）男女は増えつづけている。

五十歳時点での、未婚者割合推定値＝「生涯未婚率」は、昭和五十五年（一九八〇）で男性二・六パーセント、女性四・五パーセントにすぎなかったものが、二十五年後の平成十七年（二〇〇五）では男性十六パーセント、女性七・三パーセントにまで上昇している。このまま行けば近い将来、男性は三人に一人、女性は四人に一人、生涯一度も結婚しない、という信じられないような未来が待っているのだが――。

おそらく「結婚したい」という九割の男女も、より心底を問えば、よほどピッタリの相性の異性に出会えたら、結婚してもいい、というのが本音ではなかろうか。

とにかく生活環境の充実は、十年前の比ではない。まったくの別世界、それこそ二十一世紀型になってしまった。詳しくは本章でみるが、歴史は女性＝妻（母親）の労働力をも、苛烈なまでに必須として古代から中世、近世の時世時節《ときよじせつ》を迎えていた。

これは子供、老人もかわらない。各々に役割分担があり、各々がそれを熟《こな》さなければ家族は暮らしていけなかった。ところが、妻（母親）の役割とされてきた炊事・洗濯も含め、多くの労働がいつしか、女性の手を借りずとも処理できるようになってしまう。子供、老人に振りわけられていた労働も、いつしかなくなってしまった。

かつて結婚は「永久就職」といわれ、それゆえか生活の安定感をもったが、妻（母親）の存在証明であった炊事・洗濯などは、いつしか人手を必要としなくなってしまう。衣服を縫う作業も、いまや妻（母親）の仕事とはいえなくなった。それでも妻（母親）が、ふんだんにある時間を活《い》かして、公共の場に出つつ、ボランティアでもしながら、心の豊かさを得て、専業主婦をつづけていたならば、おそらく今日のような世相にはならなかったに違いない。

察するに女性は、空いた時間で物質的豊かさを手に入れようとしたのだろう。金銭である。寿《ことぶき》退社が当たり前であったものが、結婚しても会社を辞めなくなった。それどころか、家事労働の軽減はますます女性の社会進出へとつながってしまう。

結婚は子供が欲しくなってから

家にいた主婦までが、働きはじめる。そして、男性と同じ仕事を女性がするようになり、結果として夫婦の収入は時代を経るにしたがって、高額化していった。

かつて和服であれ洋装であっても、すべて手製であった時代、もちろん下着も女性の手で作り出していた時代を考えれば、ことごとくの女性労働を、今日では〝経済〟＝お金が代行するようになってしまった。

日本の現代史にあてはめれば、戦後の高度経済成長がこれに符合する。

以来、この流れは加速し、戦後の第一次ベビーブームの世代＝〝団塊の世代〟を親にもつ男女——昭和四十年代から五十年代の前半に生まれた世代、現在四十歳前後になろうか——に脈々と受け継がれてきている。

加えて、〝団塊ジュニア〟の女性は少子化により、相対的に高学歴となって、安定した職業に従事している。筆者の周囲を見渡しても、そうした女性に独身者はかなりいる。彼女たちの特徴は、その多くが実家に住み、すでに専業主婦となっている母親に、プライベートな面倒をみてもらい、家賃を払わない分、経済的にも楽ちんである。恋愛経験はそれなりにあっても、結婚には踏み込まない。

社会に出て女性は、男性と対等に職場で仕事を取り合うようになり、そこに正規雇用を減らして、安く使えるパートやフリーの非正規雇用が、大量に労働のウエイトを占める時代がやって来た。

かつての高度経済成長期のまま、正社員で年功序列の賃金体系、終身雇用に近い安定した収入・環境にめぐまれた男性など、なかなか探しても見つからない時代となったわけだ。衣食住のいずれをとっても、結婚する必然性は減りつづけている。

結婚するカップルが減れば、少子化がより加速することになろう。

だが、筆者はこれまでの固定した〝家庭〟という形は崩壊しても、〝結婚〟の実態だけは残る、と考えている。なぜならば、日本でも中世の半ばまでは、〝通い婚〟という形態が幅をきかせていた。多夫多妻の時代もあり、一夫多妻制の形もあった。結婚という制度は時代によって変わっても、実態は継続しつづけ、子供は少なくなったとはいえ産み育てられている。根源は、種の保存本能であろう。

これからの結婚は、子供を欲しいと男性、女性が心底、思ったときのみ、行われるようになるのではあるまいか。〝できちゃった婚〟は、その異路同帰《いろどうき》であろう。未来はそうした二人の思いをも通りこして、〝個人〟として子供をもつ時代が招来するに相違ない。

これから先の多様化していく男女の生活様式——すでに目前にある非婚、同棲、事実婚、一人親世帯、老親世代の恋愛などを考えるうえでも、日本の長くて深い恋愛文化、結婚の歴史にわれわれは学ぶべきである。

日本の〝性〟と恋愛・結婚の形式は、実に多様であった。多くの読者諸氏は囚われた歴史のイメージ、固定観念にしばられ、多々誤解されていることがあるかと思う。まずは、本書をご一読いただきたい。

最後になりましたが、前作『日本史「常識」はウソだらけ』につづき、本書執筆の機会を与えてくださった、祥伝社書籍出版部・黄金文庫編集長の吉田浩行氏、同新書編集長の水無瀬尚氏に、心よりお礼を申しのべます。

平成二十七年皐月《さつき》　東京・練馬の羽沢にて

加来耕三《かくこうぞう》

目次

第三章 〝性〟を謳歌した中世の日本女性

終章　結婚を阻《はば》むものの正体

※本文中の挿画は、筆者所有の明治・大正時代に活躍した、日本画家の尾形月耕《おがたげっこう》（一八五九〜一九二〇）の画集より引用しました。

第一章

神と交わる巫女《みこ》

『古事記』が記した結婚の実相

日本で最も古い歴史の書物、『古事記』（上中下三巻）の上つ巻＝神代記は、実に赤裸々な〝性〟の記述に満ちていた。赤面、驚嘆するほどである。

もっとも、古いとはいっても、この「フルコト」を記録した「フミ」＝『古事記』は、元明《げんめい》天皇（第四十三代）の和銅五年（七一二）の成立であり、時代は平城ではあったが。この歴史編纂《へんさん》を志したのが、壬申《じんしん》の乱（六七二）を起こして皇位（第四十代）についた天武《てんむ》天皇であった。「邦家《ほうか》の経緯《けいい》、王化《おうか》の鴻基《こうき》」——すなわち、歴史書は国家の根本であり、政治の基本だ、と彼は考えたようだ。

ところが、その内容たるや今日の感覚からすれば、信じられないものばかりであった。なによりもまず、高天原《たかまのはら》に現われ、天神の命を受けて地上に降り立ち、日本の国土＝島々を男神イザナキ（『古事記』では伊耶那岐命・『日本書紀』では伊弉諾尊）（以下、カッコ内は同じ順）と女神イザナミ（伊耶那美命・伊弉冉尊）の夫婦神が生むわけだが、この二人が結婚する段（国生み神話）でイザナキが、

『月耕随筆』より、イザナキとイザナミ

「汝《な》が身はいかに成れる」

とイザナミに問う。すると彼女は、

「吾《わ》が身は成り成りて、成り合はさぬところ一処《ひとところ》あり」

と答えた。それに対してイザナキは、

「吾が身は成り成りて、成り余れるところ一処あり」

といい、つづけて、

「——故《かれ》（ならば）、この吾が身の成り余れる処を、汝が身の成り合はぬ処に差し塞《ふさ》ぎて、国土《くに》を生みなさむと思ふはいかに」

と述べた。イザナミは「しか善《え》けむ」（わかりました）と答えている。

「美斗《みと》の麻具波比《まぐはひ》せむ」

別項では、「婚《まぐはひ》し」ともあった。つまり、〝性交〟＝結婚したというのだ。

——二人が、恋愛結婚であったかどうかは、定かではない。

最近の研究では、名前のつけ方から兄妹であったのではないか、とも想定されている。「イザ」は誘うことばで、「ナ」は「の」、「キ」「ミ」は男女の意とされているが、二人が同母の兄妹（姉弟）であったかどうかは、定かではない。

現行の民法では、結婚できる近親の距離は、いとこまで——。

ところが『古事記』をみると、親子間と同母の兄妹（姉弟）だけは禁忌であったようだが、それ以外の男女にタブーはなかったことが知れる。

天地にわたる秩序を担う、太陽神の巫女アマテラス（天照大御神・天照大神）も、弟のスサノオ（建速《たけはや》須佐之男命・素戔嗚尊）とウケイ——卜占《ぼくせん》による誓約——をして、「子生まむ」と同意し、性愛して男女の子供をもうけている。

二人が、イザナキの後妻（イザナミの死後に結婚した女性）の子であったことは確かだが、同母か異母かは定かではない。

〝性愛〟に直結した結婚

ついでながら、このアマテラスの子がアメノオシホミミノミコト（正勝《まさかつ》吾勝《あかつ》勝速日《かちはやひ》天之忍穂耳命《あめのおしほみみのみこと》・正哉《まさか》吾勝《あ》勝速日《かつかちはやひ》天忍穂耳尊《あまのおしほみみのみこと》）であり、その子が「天孫降臨《てんそんこうりん》」したニニギノミコト（天邇岐志国邇岐志天津日高日子番能邇邇芸《あめにきしくににきしあまつひこひこほのににぎ》・天津彦彦火瓊瓊杵尊《あまつひこひこほのににぎのみこと》）とされている。このニニギノミコトは、アマテラスから天皇としての、正統性を保証された鏡＝八咫《やた》の鏡をもらうことになっていた。

〝八咫〟で思い出したのだが、民俗学の折口信夫《おりくちしのぶ》（釈 迢空《しゃくちょうくう》）は、「与」（あたう）は性行為のことをいい、「あた」は女性の性器の長さを述べたものだ、と解説していた。〝八咫〟は正しくは「やあた」であり、八咫の鏡は女性の性器×八倍の大きさであった、というのだが……。

蛇足ながら、ニニギノミコトが笠沙《かささ》の岬に来て、コノハナサクヤヒメ（木花之佐久夜毘売《このはなのさくやびめ》・木花開耶姫《このはなさくやひめ》）と出会った。

実は彼女には、イワナガヒメ（石長比売・磐長姫）という姉がいた。姉はその名の示す通り、岩のごとき永久不変＝歳をとることがなかったが、醜女《しこめ》であった。コノハナサクヤヒメは、永遠の生命はもたないが美女である。

ニニギノミコトは姉の方を退け、妹のコノハナサクヤヒメと結婚した。神代の時代でも、日本の男性は、美醜への拘《こだわ》りが強かったようだ。このニニギノミコトの直系が、神武《じんむ》天皇（初代天皇）ということになる。

そういえば、アマテラスは聖母マリアと同様に、夫をもっていなかった。それでいてマリアがキリストを産んだように、アメノオシホミミノミコトを産んでいる。さて、その父親は……。

——同様の不思議な記述は、ほかにもあった。

『古事記』のスターともいうべきヤマトタケル（倭建命・日本武尊）は、父の景行《けいこう》天皇（第十二代）の妹、つまりは叔母とも結婚していたし、第十六代・仁徳《にんとく》天皇も異母妹（庶妹《ままいも》）と結婚していた。

では、なぜ、同母の兄妹（姉弟）が結婚できなかった、といい切れるのか。

たとえば五世紀中頃の、仁徳天皇（第十六代）の皇子で、履中《りちゅう》天皇（第十七代）・反正《はんぜい》天皇（第十八代・宋書倭国伝の「倭王珍《わおうちん》」に比定）の同母弟の第十九代・允恭《いんぎょう》天皇は、軽太子《かるのひつぎのみこ》が同母妹の軽大郎女《かるのおおいらつめ》と密《ひそ》かに通じたことを怒り、軽太子を流刑に、大郎女も追放に処したため、二人は自死した、と述べられていた。

神代は知らず、日本の古代においては、母の異なる兄妹、姉弟の結婚はタブーではなかった。おそらく稗田阿礼《ひえだのあれ》が『古事記』を誦習《しょうしゅう》する以前においては、実の親子、兄弟姉妹の結婚もあったに違いない。

それが中国大陸からの、道徳の感化もあり、血が濃くなることによる悪例も出て、いつしかタブーが徐々に、加えられるようになったのだろう。

それはともかく、神話から歴史の始まる接点において、日本では〝性交〟が最初に語られていたことは、強く意識するべきである。日本人は歴史を越えて、〝性〟に対するたくましさと大らかさを、古来よりもっていたことが知れる。

加えて、『古事記』の中つ巻に進み、人皇初代の神武天皇の記述をみてみると、結婚が即物的で、〝性愛〟と直結していたことに、再び驚かされる。

「容姿麗美」な母＝セヤダタラヒメ（勢夜陀多良比売《せやだたらひめ》・玉櫛媛《たまくしひめ》）が、神に愛されて生まれたヒメタタライスケヨリヒメ（比売多多良伊須気余理比売《ひめたたらいすけよりひめ》・媛蹈鞴五十鈴媛命《ひめたたらいすずひめ》）が、ここに登場する。

傑作なのはこの姫、前名をホトタタライススキヒメ（富登多多良伊須須岐比売《ほとたたらいすすきひめ》・『日本書紀』には前名の紹介なし）といった。「ホト」とは、女性の陰部のこと。これを嫌って名前を変えた、と『古事記』にあった。

「寝殿」に隠された秘密

彼女は皇后に推薦され、神武天皇の前に現われたのだが、神武はこの姫に、

葦原の　しけしき小屋《をや》に　菅畳《すがたたみ》　いや清《さや》敷きて、わが二人寝し

と歌を詠《よ》んでいる。

おそらく、古代の民間伝承が混じっての記述となったのであろうが、きたない小舎に布団もなく、菅《すげ》で編んだ敷物（畳）が寝具であったのだろう、二人は共寝＝結婚したというのだ。

その風俗の延長に、やがて中世に近づくと新たに、「枕」が神秘なものとして登場してくる。『万葉集』などをみると、思う男性が訪ねてくる前ぶれに、枕が動いた、

と信じられていたようだ。神社の中にも、神宝として八重畳《やえだたみ》（古代のベッド）・枕・オフスマ（掛布団《かけぶとん》）の寝具を伝えているものは、少なくない。

中世になると、枕は魂の宿る場所となり、一種の信仰の道具のような扱いを受けた。訪ねて来ない男性を恨みつつ、それでも私はあなたの枕を守っています、といった女性の心情を枕は代弁するようになる。

一方、枕にはもちいた素材による名がつけられ、やがて描象的な「旅枕」「波枕」「浮き枕」などが派生し、性を意識した「あだ枕」「新枕《にい》」などが誕生する。

もっとも前出の折口は、「新肌《にいはだ》」「新妻《にいづま》」同様に、性を連想させるこの「新枕」は、かならずしも新婚初夜を意味するものではない、という。

「初夜」が夫ではなく、それ以前に出会った神との、神聖な結婚の儀式を意味するのと、同じ意味合いだったというのだ。うがってみれば、心新たに迎えた男性と一夜を共にするとき、枕は「新枕」となるのだろう。

――『古事記』だけではない。

たとえば、後世の平安時代、日本では「寝殿造り」という不可思議な建築様式が流行した。「寝殿」は書いて字のごとく、夫婦共寝の御殿のことである。夫婦のほかの、日常生活には見向きもせず、ベッドルームをもって、なぜ、屋敷の中心にすえるような呼び方をしたのか。筆者は、疑懐《ぎかい》してきた。

そもそも「寝《しん》」という漢字は、横になって目をつぶり居眠りする「寐《び》」と異なり、寝室をしつらえて本格的に眠ることをいい、もともとは「みたまや」と読んだ。祖先の霊を祭る所、神殿であった。それが「やすむ」となり、「寝殿」は「やすみど」（安殿とも）と呼ばれることとなる。

宮廷にも、「大安殿」——天皇と皇后の休まれる御殿があった。中国風に翻訳すれば、「大極殿《だいごくでん》」（だいぎょくでん、とも）となる。このようにみてくると、天皇・皇后の寝室＝結婚は、一面、古代・中世においては重要な神事であった、ということになる。

また、やすみどにおいて天皇の子を産んだ女性を、「御《み》息所《やすみどころ》」と呼んだ。

これは女性の地位には関係なく、一様に呼ばれた語で、後世の江戸の感覚では「おはらさま」のニュアンスとなる。そうなると、やすむという語にはそもそも、子をはらむという意味も備わっていたことになり、二人で寝ること＝夫婦生活をいとなむこと＝結婚は、日本の伝統風俗であったことが知れる。

二人で寝ることが結婚に直結していたことを、『古事記』は雄弁に語っていた。

トイレで襲う神・純愛に感動した天皇

それにしても、日本の「寝殿」は即物的であった。

そういえば、先にみたセヤダタラヒメの母ミシマノミゾクイ（三島溝咋《みしまのみぞくい》・三嶋溝橛耳神《みしまのみぞくいみみのかみ》）は、非常に美しかったことから、大和の三輪山の神オオモノヌシノカミ（大物主神《おおものぬしのかみ》・事代主神《ことしろぬしのかみ》）にみそめられて、「大便《くそ》まる時」（厠《かわや》にいるとき）、丹塗《にぬり》矢（朱塗りの矢）に化《な》りて、その大便まる溝（水洗の河）より流れ下って、その美人の「富登《ほと》」を突いた、と『古事記』は述べている。

つまり、いきなりトイレで襲いかかったわけだ。

当然、彼女は驚き、あわてて逃げ、騒いだ。「いすすき」したとある。周章狼狽《しゅうしょうろうばい》したのも無理はない。ただ、ミシマノミゾクイは襲われたことを、決して後悔もしなければ、嘆いてもいない。その証拠に、自分を強姦した「丹塗矢」を手にして、これを床に置いている。矢は「麗しき壮夫《をとこ》」となり、彼女はこの男神と結婚する。

そして生まれたのが、前出のセヤダタラヒメであった、ということになる。

蛇足ながら、厠《かわや》は「川屋」が語源であろう。川の流れの上に作られた水洗であったことを考えると、もともとは禊《みそぎ》に関連した、神聖な場所であったように思われる。

『古事記』を通読すると、古代の〝性交〟＝結婚の実態があきらかとなるが、結婚のともなわない〝性愛〟も、この時代から頻繁であったようだ。

第十二代・景行天皇の皇子であるヤマトタケルには、同母の兄がいた。

この際、兄の名前などはどうでもよい。天皇が一夫多妻制の中、新たな妃を迎えるにあたり、その兄の皇子を遣いにやった。行き先は、美人姉妹のところ。すると兄の皇子は、二人ともに「マグワイ」、別の娘をかわりに父の天皇に奉《たてまつ》った。天皇は偽ものと見破ったのであろう、「マグワイ」なさらなかったとある。

この兄の皇子が、朝廷の会食に出てこないので、景行はヤマトタケルに出てくるように「ねぎ教へ覚《さと》せ」(ねぎらいに訪れよ)と命じた。それでも兄の皇子は姿をみせず、天皇が不審に思ってヤマトタケルに尋ねると、彼はねぎらいましたよ、という。では、どうねぎらったのか、と問うと、「朝早く兄が厠《かわや》に入ったのを待ち伏せて、これに飛びかかり、つかみひしいで手足を折って薦《こも》に包んで投げ捨てました」と答えた。

この乱暴な行為が、ヤマトタケルの熊曾《くまそ》(熊襲)征伐につながるのだが、あるいは兄の父に対するクーデター計画を、景行天皇がヤマトタケルを使って、つぶしたのかもしれない。部族間の抗争の物語が、形を変えて挿入された、といえなくもなかった。

ところで、真逆の挿話もあった。第二十一代の雄略《ゆうりやく》天皇である。『古事記』に拠れば、三輪山のほとりに遊んだ雄略が、川のほとりで衣を洗濯している美人を見かけた。名を問うと、「引田部《ひきたべ》の赤猪子《あかいこ》」と答えた。

「汝《いまし》、嫁《とつ》がずてあれ。今喚《め》さむぞ」(あなたは嫁に行かないでおれ、近いうちに召し入れよう)

雄略は命じた。ところが彼は、そのことをいつしか忘れてしまった。八十年経って、赤猪子はたくさんの献上品（婿引き出物）をもって、雄略のもとを訪ねてくる。

「仰せ言をのぞみ待っていましたが、歳月がすぎ、容貌もやせ衰え、もはや恃《たの》むところがありません。ただその気持ちを申し上げたくて――」

それを聞いた雄略は、非常に驚き、

「朕は全然、先のことを忘れてしまっていた。それなのに汝は志を変えずに命令を待ち、むだに娘ざかりを過ごさせてしまった。気の毒である」

雄略は改めて結婚しようとしたが、〝性愛〟ができない。

引田の　若栗栖原《くるすばら》

若くへに（若い時代に）　率寝《ゐね》てましもの

老いにけるかも

「率寝」は共寝＝結婚のこと。歌を詠みつつ、雄略はたくさんの贈り物をして、赤猪子を帰した、という。やはり〝性愛〟＝結婚であり、純愛は結婚には結びつかなかったわけだ。

日本史上残虐ナンバーワン

前述の民間伝承、部族・豪族間における伝説が、〝正史〟にまぎれ込む事例で、最も暴虐なものはヤマトタケルではなく、おそらく第二十五代の武烈《ぶれつ》天皇であったろう。『古事記』に拠れば八年、この天皇は天下を治めたことになっている。

仁賢《にんけん》天皇の皇子で、継体《けいたい》皇后の同母の弟。この天皇の代で、応神《おうじん》天皇（第十四代仲哀《ちゆうあい》天皇と神功《じんぐう》皇后の子）以来の王統が断絶するため、その象徴としてことさらに、暴挙が示されたのではないか、とも取り沙汰されている。

武烈こそ、日本古典史上、最悪・残虐の人物といえなくもない。

『日本書紀』に拠れば、

「二年の秋九月《ながつき》に、孕《はら》める婦《をみな》の腹を刳《さ》きて、其《そ》の胎《このかたち》を観《みそなは》す」

とあった。

武烈が即位して一年目＝西暦では、ちょうど五〇〇年にあたるとされるこの年の九月、彼は妊娠している女性の腹を裂いて、赤ん坊を切り出して見たという。ちなみに、このとき武烈は十二歳。

後世、戦国武将・武田信玄《たけだしんげん》の父・信虎《のぶとら》や徳川家康の二男・結城秀康《ゆうきひでやす》の子である松平忠直《まつだいらただなお》（初代越前福井藩主）、三代将軍・徳川家光《いえみつ》の弟・駿河大納言忠長《ただなが》など、ときの権力者、勝者に反逆した形の、歴史上の人物にも同様の暴桀《ぼうけつ》奇談は少なくない。筆者はいずれも創り話だ、と受け止めている。

それにしても、武烈の暴君ぶりはすさまじい。即位三年（五〇一）の冬十月には、人の生爪をはぎ取って、その手でいも掘りをやらせ、翌年の夏四月には、人の頭の毛を抜いて、木のいただきに登らせ、そのうえで木を切り倒し、人が落下して死ぬのを楽しんだ、という。七年の春二月には、木に登らせた人を弓で射落として殺したとも。

極めつきの暴肌《ぼうき》（肌をあらわにさらす行為）は、八年の春三月であろうか。

女をして躶形《あかはだか》にして、平板の上に坐ゑ《す》て、馬を牽《ひき》て前に就《いた》して遊牝《つるび》せしむ。女の不浄《ほとところ》(陰部)を観《み》るときに、沾《ぬ》れ湿《うるお》へる者は殺す。湿《うる》はざる者をば没《から》めて官婢《つかさやつこ》とす。此《これ》を以て楽《たのしみ》とす。(『日本書紀』巻第十六)

「躶形」は、裸にしたこと。馬と人間の女性を〝性交〟させるという、変態行為をやったというのだ。むろん創作であろうが、中国の古典、朝鮮の『三国史記』にも似たような王は登場していた。おそらく、形を変えて古代の豪族の中には、原型に近い暴君がいたのだろう。

武烈天皇のような変態行為はないが、暴戻恣睢《ぼうれいしき》の限りを尽くしたヤマトタケルは、遠征の戦野に生涯をおくることになる。が、実はこの中で彼は今風にいう、〝接待婚〟を受けていた。

熊曾征伐をおえて、凱旋《がいせん》したヤマトタケルに対して、父の天皇は再び東征を命じた。その途次、伊勢神宮に詣でたヤマトタケルは、叔母にあたる巫女のヤマトヒメノミコト（倭比売命・倭姫命）から草薙剣《くさなぎのつるぎ》を授かる。のちに皇室に伝わる、〝三種の神器〟の一つである。

注目するのは、そのあとだ。尾張に入ったヤマトタケルは、豪族の娘ミヤズヒメを知り、婚約する。彼は東征の帰りにも姫のもとへ寄っているのだが、この二人の結ばれ方を〝接待婚〟として、これまでみた結婚と区分することができた。

これは中国の古典にも数多く出てくる挿話だが、中央からやって来た貴人に対して、それを迎えた地方の家では、最高のもてなしをしなければならない不文律があった。食事はもとより、身過ぎものの「衣」、そして「住」にいたるまで。

〝性交〟と「寝る」が一体となっていた古代日本においては、貴人の夜とぎをするのも、もてなしの重大な案件であった。

〝接待婚〟と卑弥呼

最も多かったのが、その土地の支配者＝豪族の娘を差し出すことで、もし貴人がそのまま長逗留《とうりゅう》を決め込めば、「寝殿」生活となり、結婚ということになる。貴人にすれば、一夜の妻との契《ちぎ》りは、婚約したと考えれば理解しやすかったに違いない。

年頃の娘（初潮のすんでいる少女）がいなければ、家長の妻が一夜妻をつとめた。訪れる身分が低ければ、使用人の女性がこの役割を担う場合もあったようだ。

蛇足ながら、二度目にヤマトタケルがミヤズヒメのもとを訪ねたおり、ご馳走が出され、姫は酒盃を捧げて奉ったが、このとき「襲《おすひ》」（打ち掛けのような礼装）の裾《すそ》に「月経血《さはりもの》」（女性の生理現象）がついていた。

そのようなたおやかな腕を枕に、寝たいと思っていたのだが……。

「汝《な》が著《け》せる　襲《おすひ》の裾に　月立ちにけり」

と、ヤマトタケルは歌った。

これを受けての、姫の答えた歌がふるっていた。

諾《うべ》な諾な（諾な）　君待ち難《かた》に　吾《わ》が著《け》せる　襲《おすひ》の裾に　月立たなむよ

『月耕随筆』より、草薙剣を持つヤマトタケル

そうなのですよ、あなたさまを待ち焦《こが》れて、月日が経ったのですもの、わたくしの着ている打ち掛けの裾に、月の出るのも当然でございましょう、との意となった。

よく血の穢《けが》れということが、中世・近世の文献には出てくるが、どうも古代においては、さほどに重要視されていなかったようだ。先にみた、近親結婚と同じように。

その証左に、それでは無理か、とやんわり尋ねたであろうヤマトタケルに対して、ミヤズヒメは結局、承諾をしている。彼が佩《お》びていた草薙剣を、ミヤズヒメのもとに置いていったのは、この結婚のために外したためであった。

月経（つきのもの）は古代において、さほど禁忌ではなかったことが知れる。

ふと思ったのだが、〝接待婚〟は古代において、神と人間のレベルでもあてはまったのではあるまいか。というよりは、まず神と人間の女性が〝接待婚〟をしたのではなかったか。

神と巫女との、神聖な結婚――三世紀に実在したとされる邪馬台国《やまたいこく》、この国を統治していた女王・卑弥呼《ひみこ》（?～二四七頃）は、太陽の霊威を身につけた女性、の意をもつが、彼女は、

「鬼道（呪術行為）に事《つか》え、よく衆を惑わす」

と、『魏志』の「倭人伝」にあった。

「年すでに長大なるも、夫婿《ふせい》（おっと）なく、男弟あり、たすけて国を治む」

とも。

卑弥呼は西暦二三九年以降に、三国志の一《いっ》・魏と国交を開き、「親魏倭王」に冊封《さくほう》され、金印・銅鏡などを授かったとされている。

彼女は狗奴国《くなこく》の男王・卑弥弓呼（卑弓称呼か？）との戦争の最中、死没したと伝えられているが、彼女は生涯、独身であった。戦場におもむくことはなく、軍事も含めた政治全般は、弟によって采配されていたという。

権威と権力、神に仕える巫女と地上の王——そういえばアマテラスも独身であり、神武天皇の皇后を産んだセヤダタラヒメも神の子を産んでいた。『魏志』の「倭人伝」に拠れば、女王・卑弥呼と直接に会うものは少なく、侍女一千人を侍《はべ》らせていた一方で、「飲食を給《たまひ》し、辞《じ》を伝え、居処《きょしょ》に出入」する「男子一人」がいた。

いったいこの男子は、何者であったのだろうか。「男弟」なら、そう書くはずだ。

執事・召使いの類と考えるのが、妥当であろう。

幻の女帝が語るもの

そういえば、日本には中国で頻繁に登場する「宦官《かんがん》」がいなかった。第一、男性を去勢する宮刑そのものが存在していない。

これは日本史上の謎にも数えられるもので、女性が古代から男性なみに優秀であったことを物語る一方、朝廷の後宮《こうきゅう》といえども、日本の場合は中世の終焉《しゅうえん》まで、男子禁制ではなかったことを、問わず語りに述べていた。

蛇足ながら、筆者は学生のとき、大和の三輪にある箸墓《はしはか》古墳こそが、卑弥呼の墓の可能性がきわめて高い、と教えられていた。

『日本書紀』では、第七代の孝霊《こうれい》天皇の皇女ヤマトトトヒモモソヒメ（夜麻登登母母《やまとともも》曾毘売《そひめ》・倭迹迹日百襲姫命《やまとととひももそひめのみこと》）の墓とあり、彼女は三輪山の神＝オオモノヌシノ神の妻であった、と記されている。また、卑弥呼を神功《じんぐう》皇后と比定する向きもあった。

なお、奇怪な記録もある。『日本書紀』の第二十二代・清寧《せいねい》天皇記――。

この天皇は、生まれながらにして白髪であったがゆえに、〝白髪《しらか》皇子〟と呼ばれたそうだが、父である雄略天皇の没後、反乱を起こした異母兄弟の星川《ほしかわ》皇子を滅ぼして即位した。が、清寧には子供がなく、先帝の雄略が「皇位を奪われる」と警戒して殺害した、同母弟の市辺押磐皇子《いちのべのおしはのみこ》（履中天皇の皇子）の遺児二子・億計《おけ》王（のち仁賢《にんけん》天皇）と弘計王《おけのおおきみ》（顕宗《けんそう》天皇）を各々皇太子、皇子に迎えた。

ところが、この兄弟は互いに皇位をゆずり合い、結局は弟の顕宗が先に、ついで兄の仁賢の順で即位するのだが、研究者の中にはそもそも、この二人の即位自体を疑問視するむきもなくはない。筆者にとって興味津々なのは、そこではなかった。

弘計王《おけのおおきみ》が即位するまでには、明らかに空白の期間が存在し、この間、兄弟の姉とおぼしき飯豊青皇女《いいとよあおのひめみこ》が天下の政《まつりごと》を取りしきっていた、というのだ。

一説に彼女は天皇になっていた、とまでいわれている。『扶桑略記《ふそうりやっき》』（延暦寺《えんりやくじ》の僧が記した仏教的立場における日本史）には、二十四代天皇に数えられていた。これは神功皇后をも天皇に数え、清寧をはさんで飯豊青皇女を数えたことによる。

その彼女が清寧の生前、清寧三年（四八二）秋七月に角刺宮《つのさしのみや》において、「與レ夫初交」——実に唐突な記述で、はじめての男性経験が語られていた。

彼女は結婚していないのに「目合《まぐわ》った」というのだ。神に仕える巫女＝処女であったというが、このときの相手の名は記されていない。それでいて、

「飯豊は女の道もわかったけれど、たいしたことでもないわね」

「おとこを持とうとは思わない」

と、周囲に語ったというのだ。

男性を普通に指すときは「おのこ」といい、夫や愛人の場合を「おとこ」といった。飯豊青皇女は、朝廷における巫女のような存在であったはず。それが〝性交〟を表明しても、差し障りはなかったのだろうか。

明らかなことは、古代から中世にかけて、神に仕える巫女が子を産めば、その子は神の子と信じられていた。

先ほど、日本史上最悪の武烈についてふれたが、神話もふくめて最強の女性となれば、おそらく神功皇后ではなかったろうか。『扶桑略記』では、天皇に数えられても

いた。名をオキナガタラシヒメ（息長足日女命《おきながたらしひめ》・気長足姫尊《おきながたらしひめのみこと》）といい、仲哀天皇の妻である。

神と夫と三角関係にあった神功皇后

彼女は、第九代・開化《かいか》天皇の曾孫にあたる皇族。「神を帰《よ》せたまいき」と『古事記』にあるから、神威を招き得る卑弥呼のような女性、つまり巫女であったのだろう。夫・仲哀とともに、熊曾《くまそ》の国の征伐にむかって、筑紫国に滞在していた。考えてみれば、神功の夫はヤマトタケルの息子であり、仲哀は父と同じ旅路を進んだことになる。因果なことだ。

この地で神功は、祭壇を設けて自ら琴を弾き、戦勝を祈願して神を呼び寄せた。ほどなく神憑《かみがか》りとなった彼女の口から、西の方にある国を——熊曾より先に——攻めれば、勝利は間違いなし、とのご託宣がくだる。

しかし、仲哀はこれに納得しなかった。高いところに登って西の方角を見てみても、そんな国はどこにもない。ただ、大海がよこたわっているだけだ。

彼も神功とともに琴を弾いていたようだが、「偽りをなす神」が妻に憑《つ》いたのを怒って、神聖な琴を弾くという行為を止めてしまう。

すると神憑りの妻は、「そのようなことではこの国をおさめられない、汝は冥土《めいど》(死者の魂の行く所)にむかえ」――要するに、死ねと罵《ののし》ったのである。

それに驚いた臣下の武内宿禰《たけのうちのすくね》が、仲哀に神意を畏《かしこ》み、琴を奏でつづけるようにと諫《いさ》めた。そのため不承不承、仲哀は再び琴を鳴らしたが、その音はすぐに絶えてしまう。燈火をあげてよく見ると、彼はすでに事切《ことき》れていた。

『日本書紀』では、神託に従わずに熊曾と戦い、矢で致死したとあるが、いずれにしても神罰が下ったことは『古事記』と変わらない。存在感に乏しいからであろうか、かわいそうに、いずれの事典を引いても、この仲哀は「実在性に乏しい」とある。

さて、神功皇后である。彼女は夫の死後、自ら軍を率いて西の国＝朝鮮半島へ攻め入り、〝三韓〟ことごとくを平らげ、降参させて凱旋する。その間、迫っていた出産を止めて、帰国後にわが子を産んだという。これが、のちの応神天皇だというのだ。

神功皇后の伝説は、時代が下がっていたがゆえに、夫の登場となったが、異母の兄・弟、甥、伯父・叔父であっても結婚できたことを考えれば、仲哀の存在は微妙で、応神の父が本当に彼であったのか、疑念は浮かび、好奇心は限りなく広がる。が、こと日本の古代・中世史に関しては、既婚であろうが未婚であろうが、そもそも問題はなかった。なぜならば、巫女は神と結婚する存在であったからだ。

どういうことか。ご神託を聞くには、神と一つにならねばならず、巫女は神の妻になる必要＝合体が不可欠であった。少なくとも時代は、そのことを信じて疑わなかったのである。

神功の場合、神と夫と三角関係となるが、神の前に人間の存在はどこまでも矮小《わいしよう》であった。応神は仲哀の死後に生まれており、それも征韓の間は出生となっていない。神功が神と交わってできた、と解釈できなくもなかった。

ついでながら、天皇の后《きさき》の最上位を「中宮《ちゆうぐう》」といった。

この中というのは、神と天皇の中継ぎをする女性という意味である。

木曾《きそ》ぶしで有名な、「なかのりさん」も「中告《なかの》り」が原意であるに違いない。

そのように考えてくると、神に仕え、その意向を人々に伝え、それによって国の政《まつりごと》を行わせていた邪馬台国の卑弥呼の時代から、徐々に巫女（女性）の霊力は落ち、現世の支配者である天皇の力が増していく過程で、神功皇后のような存在が現われ、やがて皇后＝巫女と天皇（大半は男性）の地位は逆転していった、ということになろうか。

日本史上最高の美女

「允恭《いんじよう》」という単語は、心から慎むとの意だが、第十九代の允恭《いんぎよう》天皇は、同じ漢字をもちいても、呼び名が違うように、およそ語意とは裏腹な人物であったようだ。

彼はオシサカノオオナカツヒメ（忍坂大中津比売・忍坂大中姫）の力で皇位につくことができた。それを感謝して、彼女を皇后の座につけたまではよかったのだが、つい、その妹に心を動かしてしまう。無理もない。なにしろその妹は、日本史上、最高の美人であったのだから。

蛇足ながら、日本史上、最高の美人を一人選べ、といわれれば、

「それはもう、小野小町《おののこまち》でしょう」

と、答える人は少なくない。

いつの間にか日本人の中に、小町こそが絶世の美女だ、との思い込みが座り込んだようだが、その根拠はとなると、実はこれが随分と怪しいのである。

多くの人々は、深草少将《ふかくさのしょうしょう》との逸話で、小町をなんとなく認識してきた。

彼女の魅力に心を奪われた少将が、何通も恋文を書いては届けるものの、先方はすべて黙殺。思いあまった少将が、牛車《ぎっしゃ》に乗って小町の家を訪ね、戸外から狂おしいほどの恋心を訴えたが、小町は迷惑げに、

「わたくしのもとに百夜通ってくださいましたなら、あなたに従いましょう」

と返答するのみ。

次の日から、哀れ少将は京の深草（現・京都府京都市伏見区）の里より、小町の住む山科《やましな》へと通い続ける。その一途な情熱にほだされたのか、九十九夜目になってようやく、小町は、

「明日の夜は、きっとこの戸を開けましょう」

と約束する。

ところが百日目、それまでの無理がたたったのか、少将はこの世を去ってしまう。

この物語は、謡曲『通小町《かよいこまち》』に描かれて、広く世に伝えられた。

しかし、この作品には〝絶世の美女〟＝小野小町との確信は、述べられていなかった。逆なのである。「少将を九十九夜も通わせたほどなのだから――」と、伝え聞いた側が勝手に、小町の容姿を想像してしまった形跡があった。

ついでながら、糸をとおす針孔《めど》のない針を、「まち針」というが、これは少将を死なせた小町針からきた命名だという。ほんとう、だろうか。

また、美女の晩年の不遇、衰老落魄《すいろうらくはく》で知られる観阿弥《かんあみ》の『卒都婆小町《そとばこまち》』では、若い頃、男にちやほやされた小町が、年をとって美貌が衰え、ついには惨めな最期《さいご》を迎えてしまうストーリーが描かれていた。

この物語は、高野山の僧が洛外安部野《あべの》（阿倍野＝現・大阪市阿倍野区）を通りかかり、ひとりの老女に出逢う。髪は白く、肉は落ち、腰のまがった老体に垢《あか》じみた粗衣

『月耕随筆』より「小野小町」

をまとい、その老女は倒れた卒塔婆に腰をかけて休んでいた。僧がその老女と話をしているうち、実はこの老女こそが小野小町のなれの果てで、物語は四位の少将の霊に憑《つ》かれた小町が、「百夜通い」のさまを見せるという筋書きであった。

こうした小町の、晩年不遇や落魄伝説に共通しているのは、小町が長命であったということ。また罪の意識に苛《さいな》まれ、仏道に帰依しようとしていたこと。さらには、ひどい零落に老醜をさらしていた、ということなどである。

これら小町零落伝説のもとになったのは、『玉造小町壮衰書《たまつくりのこまちそうすいしょ》』だといわれている。玉造小町は美しい遊女《ゆうじょ》だったが、男たちを冷たくあしらったため、その報いが後年、山賊の後妻になって流浪し、零落してゆくことへとつながった。名前がおなじ〝小町〟だったことから、いつしか二人は混同されてしまったようだ。

いま一歩踏み出していえば、小野小町の晩年不遇や落魄伝説は、原理的には『平家物語』とおなじであった。若いときは絶世の美女であり、華やかな生活をした小町が、晩年になって零落し、老残貧窮の余生を送るという筋書きは、まさに「諸行無常」「盛者必衰」の理《ことわり》を説いていたのである。

小町伝説も『平家物語』の琵琶法師たちによって、巧みに脚色され、全国各地に広まったと考えられる。おそらく〝小町〟は、説話がいくつも混ざり合って創造された女性であったに違いない。

小野小町のモデル衣通姫《そとおりひめ》

――もとより、小町は実在した。

花のいろは移りにけりないたづらに
我《わ》が身世《みよ》にふるながめせしまに（『古今和歌集』）

この歌は、鎌倉初期の歌人で、『新勅撰集』の撰者としても知られる藤原定家《ふじわらのていか》が、古今百人の、歌人の秀歌を一首ずつ選んだとされる『小倉百人一首』にも収録されていた。また、紀貫之《きのつらゆき》が編纂《へんさん》した『古今和歌集』では、〝六歌仙〟にも選出されている。

〝我が身世にふる〟には、雨が「降る」と時が「経《ふ》る」の二つの意味が込められており、〝ながめ〟にも「長雨」と「眺め」の二つの意味が技巧的に表現されていて、この和歌は「花」と「我が身」の人生とを、二つのテーマとして二重映しとしたところに特徴があった。

　歌には、その詠み手のイメージが重なるもの。では、小野小町はどのように美しかったのか、と具体的な証拠を求めると、残念ながら、確かなことは何ひとつ伝えられていない。その美しさを表現する証言や文章、絵画などは残っていないのである。

　独断と偏見をおそれずにいえば、はたして小野小町は本当に絶世の美人であったかどうかさえ、心もとないかぎりだ。美人であったかどうかはともかく、小野小町という女性の実像は、不明瞭な点が多すぎた。大部分が謎につつまれている、といっていい。ちなみに、先の貫之は『古今和歌集』の「仮名序」で、次のように述べていた。

「小野小町は古《いにしえ》の衣通姫《そとおりひめ》（『日本書紀』では衣通郎姫《そとおしのいらつめ》）の流《ながれ》なり。あわれなるようにてつよからず、いわばよき女の悩めるところあるに似たり」

　古の衣通姫――彼女こそが、允恭《いんぎょう》天皇の妻オシサカノオオナカツヒメの妹であり、

『月耕随筆』より「衣通姫」

絶世の美女として天皇が狙っていた女性であった。紀貫之は、衣通姫と小町の歌は同じ流れだ、と評したにすぎなかったのだが……。

筆者はここに、小町を絶世の美女にしたカラクリがあったと考えている。

問題は「衣通姫」であった。肌のうるわしさが、衣を透けて通り、光り輝いた姫であった。類稀《たぐいまれ》な美女であった、といってよい。その姫の歌の流れと美貌が、いつしか混同されるようになったのではないか。史実の小町は、『尊卑分脈』に拠れば、参議・小野篁《たかむら》の次男・良真《よしざね》の次女とされているが、これでは三人の年代が合わない。

良真が地方の国司（受領《ずりょう》）として出羽国（現・秋田県の大半と山形県）へ赴任したおり、現在の秋田県湯沢《ゆざわ》市（旧・雄勝《おがち》町）で小町が生まれた、との伝説はあるものの、出生地や墓は京都・宮城・福島・熊本・山形・茨城・鳥取などにも伝えられている。生没年も不詳だ。一説に、九歳のとき、父とともに京へ戻り、十三歳で采女《うねめ》（後宮の女官）として宮廷に入ったが、晩年は横堀（現・秋田県湯沢市小野）にふたたび帰って、この地で九十歳まで生きたと伝えられている。が、確証はない。

第一、名前が知れない。「小町」は通称であり、「町」＝仕切り＝局《つぼね》と考えれば、小町は宮中で局をやっていた女性の、おそらくは妹であった可能性が高い。

西暦八〇〇年代に生きたであろうことは、ほぼ間違いないが、それ以外の経歴は一切、不明であった。ただ『後撰《ごせん》和歌集』には、小町の孫という女性が登場するから、小町は結婚して子をもうけたことは間違いなさそうだ。

さて、正真正銘の美女・衣通姫である。とても允恭は、皇后の手前とはいえ慎めなかった。問題は、皇后であった。とにかく彼女は、嫉妬《しっと》深い人柄——。

ある年の宮中の宴《うたげ》で、天皇は自ら琴を爪弾《つまび》き、皇后は舞をまった。

興味深いのは、允恭の時代、すでに天皇は来臨する神の地位に就《つ》いていた、ということであり、皇后はそれを歓待する巫女のまま。当時の習慣では、宴の舞がおわると、その踊り手は天皇にむかって、

「娘子《おみな》を奉らむ」

と口にするしきたりになっていた。

本来は、神に処女を奉る古代の神事、聖なる結婚が、このような形でセレモニー化して残っていたのだろう。

「一夜妻」と〝よばい〟

ところが皇后は、夫の允恭が衣通姫を狙っていることを、すでに知っていた。差し上げましょう、というところを、ねたみ心からついに口を開かなかった。ことは神事である。天皇の力は巫女を上まわっていた。当然のごとく、允恭は不機嫌となり、なぜ言うべきことばをいわぬのか、と皇后をなじった。

宮廷は神のいますところ——まして皇后は、巫女の役。かしこまり、彼女は今一度舞ったのち、「娘子を奉らむ」と、今度ははっきりと声にした。すると允恭は、さらに誰を奉るというのか、と名指しを求める。

皇后はしかたなく、自ら妹である衣通姫の名を告げた。

この儀式により、姫は宮中に召されたのだが、この場合の宮廷は特殊な場所であり、天皇は天上の神の代理者としての資格と、その天上の神を祭る主宰者＝宮廷の主人という、二つの性格を合わせもっていたことになる。時代が神威から天皇の権威へ、巫女の相手を変えていったのだろう。

こうした神との聖なる結婚をする巫女を、別に「一夜妻」と呼んだ。神と一夜を共にする妻の意、である。また、神に呼ばれるのを待つ女ということで、中国伝来の「たなばた」にも擬せられていた。七月七日、織女星《しょくじょせい》が天の川にかけたかささぎの橋を渡って、向こう岸の牽牛星《けんぎゅうせい》を訪れて、一年に一度の逢瀬《おうせ》を楽しむ。

一年に一夜だけの妻ということで、織女星をも「一夜妻」と同じ感覚でとらえたのだろう。もっとも、日本の風俗では天皇家以外、女性から神を訪ねることはしない。神が来るのを、女性はただひたすら待っていた。宮廷では、帝に指名されて、その呼び出しに応じて出て行くことになる。

神託により呼ばれ出た女性（采女《うねめ》）は、神に呼ばれたことで自ら能動的となるわけだ。逆に、神託をひたすら待つということでは、彼女たちもきわめて受動的であった。

その神聖な「一夜妻」の存在が、中世を経て近世にいたると、夜を鬻《ひさ》ぐ女性の別称となってしまった。総じて、女性の地位が不当に下げられた、実例の一つということになろうか。

「旅は憂きものながら、泊り定めて一夜妻の情」(井原西鶴《いはらさいかく》『好色一代女』)

この落下、没落を、最もよく表わしている単語が〝よばい〟であろう。

〝よばい〟は〝よぼう〟という語の連用形・名詞形であり、〝呼ばふ〟という動詞が名詞化したもの。もともとの意味は、呼ぶという動作につきた。

男性が目指す女性のもとを訪れて、自分が来たことを告げる一つの方法として、おそらくは自分の名を名告《なの》ったのが、その起こりであったろう。つまり、〝よばい〟＝婚《よば》いは正式な婚姻手続きの、第一段階であった。

『万葉集』巻一の冒頭にも、雄略天皇がおとめに求婚して、

「我こそは告《の》らめ。家をも、名をも」

と名をつげている。

この求婚の第一歩〝よばい〟が、やがて次の段階の〝かよう〟につづき、〝すむ〟という一段進んだ結婚となる。その貴重な男女の出だしが、いつのまにか〝夜這い〟と誤解されるようになり、セクシャルハラスメントの一種に下落し、女性を侮辱するいたずらになろうとは——。

少し話は戻るが、『魏志』の「倭人伝」は倭国（のちの日本）について、大きな間違いを記していた。「大人は皆四、五婦、下戸《げこ》もあるいは二、三婦」とのくだりだ。「大人」とは上層階級の男性のことであり、彼らはいつの時代でも複数の妻をもち得た。記述に誤りがあるのは、「下戸」＝貧乏人である。彼らが一人ではなく、二人以上の複数の妻をもつことは、事実上（歴史学上も）、不可能であった。財力、生活力がともなわなかったからだ。

にもかかわらず、『魏志』の「倭人伝」の誤りは、そのまま『後漢書』の「倭伝」にも引き継がれ、その説明にあえて「女子多く」と付け加えがなされていた。実態は複数の男性が複数の女性と、事実上の夫婦＝性交渉関係にあったということである。

わが国の伝統は多夫多妻であり、男性が夜だけ女性の家へ通う〝妻問い〟――庶民流にいえば〝よばい〟を、古代中国の知識人たちは見誤ったのである。

民俗学の研究成果に拠れば、日本の〝よばい〟は、昭和三十年代まで漁村や山村では存在していたという。

蘇我入鹿《そがのいるか》と〝よばい〟のルール

――〝よばい〟は、日本古来からの伝統であった。

『古今和歌集』に、「伊勢の国」の歌として採用されたものがある。きわめて性欲的な歌であった。

麻生《おふ》の浦に片枝《かたえ》さし覆《おほ》ひなる梨の　なりもならずも寝て語らはむ

「梨」はかけ言葉で、要はうまくいくかどうか、とにかく寝てためしてみよう、と即物的に男は女に歌うのであった。

この〝よばい〟、なんと『日本書紀』のなかで、蘇我入鹿が「大化改新」(乙巳《いっし》の変)で暗殺されるところにも、突然、登場していた。

あらかじめ、天がわざ歌として、人の口にのぼらせて暗殺を知らしめたという歌が、唐突に出てくる。が、歌意はどう読んでも、それほど複雑なものではなかった。

小林《をばやし》にわれを引入《ひきいれ》て奸《せ》し人の　面《おもて》も知らず家《いへ》も知らずも

「奸《せ》し」は、そのまま〝性交〟のことである。これは明らかに野山、祭りの夜などに行われた、庶民一般の〝よばい〟を歌ったものであろう。

なるほど入鹿の暗殺も突発的な出来事であり、すぐには事情がわからなかったかもしれないが、〝よばい〟のような楽しさ、喜びはない。

このような民間伝承が、朝廷の正史に記録されているのが、筆者には実に興味深い。

祭りの夜、神の資格をもつ男性と、これを歓待する巫女＝女性の間で、神聖な結婚＝いとなみがもたれる――日本人はどこまでも、ロマンチストであった。

この〝よばい〟には、野山で行われるものとは別に、特定の女性の家の前、戸口に立った男性が、求婚歌を歌うものもあった。これを聞いて女性が〝答歌〟すれば、男性は家内へ入ることが許された。

「誰ぞこのわが宿に来呼《きよ》ぶ」（『万葉集』）

とあるごとく、家の中から女性が口笛を吹いて、男性を〝呼び込む〟こと（一説に〝よばい〟の語源とも）もあれば、周囲をはばかった低い声で、家内へ入る許可を与えることもあったようだ。地方・地域によって、その作法も若干は異なった。

蛇足ながら、原始時代の日本はストレートな多夫多妻制、部族間の〝群婚〟が基本であり、「未通女《おとめ》」であろうが人妻であろうがお構いなく、道徳や廉恥《れんち》もないまま、すべてはオープンなフリーセックスであった。

が、この場合でも厳正なるルールがあり、原始に近い時代では、女性が尻をふる踊りをして、男性を挑発する前段階があったという。この「踊り」の語源は、セックス・アピールの「雄取《おと》り」から来ているのではないか、ともいわれている。

いずれにせよ、日本では古来より自由恋愛が結婚の前提であり、〝よばい〟の決定権＝初夜の権利は、神の妻――すなわち、女性の側にあった。

中世の歌語に「錦木《にしきぎ》」というのがある。平安時代の歌に、よく出てきた単語だ。要は、〝よばい〟をしようとする女性の家の門口に、一尺ばかりの彩色した木を立てておく。女性はこの男ならば、と、わが身を許そうとする男性の木を家内へとりこむ。この合図で、〝よばい〟＝結婚は成立したことになった。選ぶのは女性である。

お見合いパーティーで振られつづける、現代の男と同じように、一尺ばかりの木を立てても、相手にされない男はいた。彼はどうしたか。毎夜一尺ばかりの木を、ついには千束立て、はじめて女性の心を開くことができたというのだ。

それにしても、千束立てるには三年かかる。三年よりは短いが、先にみた小野小町のもとへ「百夜」通いつづけた深草少将《ふかくさのしょうしょう》の悲恋の例もある。

女心の変遷――藤原道綱《みちつな》の母

思い出してみれば、名作『竹取物語』にも、かぐや姫に〝よばい〟をしかけ、なかなか思いを達せられないで、彼女の家のまわりをウロウロして、夜闇の中、地面に穴を掘ったり、垣根の根もとで這《は》いずり廻ったりする、男たちのことが描かれていた。

わざと滑稽《こっけい》に描いた〝よばい〟のシーンが、後世に誤解をあたえたともいえる。

神と巫女――神の妻たる女性は、形式的であるにせよ、神の手前、まずは男性の誘いを拒絶するのが、本来の〝よばい〟のルールであったかと思われる。

それがいつしか、男性をいなしたり、なびくと思わせてかわしたり、そうかと思うと、十分に気を持たせる返歌を贈り、男を操るようになる。かぐや姫の物語は、その手練手管をオーバーに描いたものにすぎない。

ところが、ひと度《たび》、わが身を許してしまうと、女性は一転して、気弱な存在となった。相手の男性をこがれ心で、ただただ待つ受け身となってしまう。

なげきつつひとり寝《ね》る夜の明くるまは　いかに久しきものとかは知る

この歌意は、わかりやすい。あなたを待ちながら、いくら待っていても訪ねてくださらないことを、嘆いて寝る夜はなんと長いことでしょうか。いつ明けたとも知らず、うとうとしたようですが、眠ったような気はしません。このような苦しみを、あなたはおわかりくださいますか。

これに対して、相手の男も歌を返していた。

げにやげに冬の夜ならぬまきの戸も　おそくあくるは苦しかりけり

なるほど、なるほど、貴女《あなた》の気持ちはよくわかります。冬の夜は長くて、なかなか夜が明けないものです。ですが、私にも言い分はある。貴女はいくら戸を叩いても、開けてくれなかったではありませんか。それでは訪ねたくても、訪ねられない。こちらの気持ちも察してください。

――この女性の名前は伝わっていない。

男性の方は、藤原兼家《かねいえ》という。藤原北家《ほっけ》の嫡流《ちゃくりゅう》で、師輔《もろすけ》の三男。太政大臣《だいじょうだいじん》をつとめ、やがて摂政《せっしょう》となる人物である。ちなみに、彼の祖父は太政大臣にして摂政・関白となった藤原忠平《ただひら》。一方の女性は、後世、『蜻蛉日記《かげろうにっき》』の著者ともなる。世間は、藤原道綱《みちつな》の母と呼んだ。彼女が、『小倉百人一首』の中でも詠んだのが右の一首である。兼家の妻＝道綱の母は本朝三美人の一人といわれ、美貌と才媛（歌人とデザイナーとして）を世上にうわさされた、誇り高い女性であった。

父は貴族社会では中級の受領《ずりよう》階級・藤原倫寧《ともやす》である。「受領」は国司のことで、四位、五位の貴族が任命され、地方へ赴《おもむ》いた。その地方では最も高貴な人であり、人々からは尊敬もされ、懐《ふところ》具合も申し分なし。

ふと思い浮かべてみると、清少納言《せいしようなごん》、紫式部《むらさきしきぶ》、和泉式部《いずみしきぶ》の父たちは皆、「受領」であった。このことは、中世の女流文学の誕生と多少の因縁がありそうだ。

当時の摂政・関白、太政大臣といった権門では、天皇との閨閥《けいばつ》をいかに築くか、が最大の関心事であったといってよく、娘ができると後宮へ送った。が、当然、ライバルは存在する。それに打ち勝って、天皇の寵愛《ちようあい》をいただくためには、教養＝嗜《たしな》みが求められた。そのため優秀な中堅どころの女――たとえば、受領の娘――に、常日頃から注目していた。歌才があって社交に巧みで、学問のある彼女たちを女房として雇い、娘の後宮における教育係にしようとしたわけだ。

――「受領」の娘は、なかなか個性派揃《ぞろ》いであった。

たとえば、『源氏物語』の「帚木《ははきぎ》」の巻に雨の夜のつれづれに、貴族たちが女の品定めを語り合う場面がある。ここで興味をひいたのは、女の身分があまりに高いと、大勢の侍女《じじょ》にとり囲まれて、本人の欠点が見えにくい。そのため、交際してみると存外つまらなくて、失望することが割合にある、との発言があり、それに比べると、中級の娘は各々の人柄、持ち味がはっきりしていておもしろい、とあった。

とりわけ「受領の娘」は、父の位は中級とはいえ、その出自は正しく、経済的に豊かで、何不自由なく育っているから、宮仕えして幸せをつかむことも多い、などとも語られていた。

平安女性の勝ち組

しかも、本朝三美人の一人で、「あはつけかしすきごとども」（多少の恋愛経験）はあったが、本命と思える男性にめぐり会えなかった彼女は、十九、二十ぐらいで、二十六歳の摂関家の若君・藤原兼家に求婚される。上手《うまく》に行けば、玉の輿《こし》。礼儀として断りの歌を返し、歌の往来がつづくが、結局、彼女は兼家の妻となる。

ところが、すでにいた本妻・時姫は複数の男子をもうけ、その地位は揺るがず（その子供の一人が、のちの藤原道長《みちなが》）。一方の新妻は女性出入りの多い夫と諍《いさか》うことしばしば。『蜻蛉日記』は天暦八年（九五四）の初夏、兼家が彼女に求婚の手紙をよせて来た日からはじまり、天延二年（九七四）に一子・道綱が賀茂《かも》の祭りの舞人に召され、父・兼家に稽古をつけてもらい、晴れの舞台を舞う――その姿を満足そうに著者が眺めるところで終わっていた。

高校生の頃、筆者は古典の授業で『蜻蛉日記』を習って、なんというグチっぽい女だろうか、と思ったものだが、それはどうやら読み方が浅かったせいのようだ。

考えてみれば、〝道綱の母〟は当時の貴族社会で、まぎれもない女性の〝勝ち組〟であった。受領の娘から藤原北家の妻へ。権門・藤原氏の息子を夫に持った、中流貴族の娘は他にはいない。否、いたかもしれないが、日記は残していなかった。一方の紫式部などは、権門とは無縁の夫を失った、家庭的な不幸を経験したことを踏まえ、自らの作品『源氏物語』を書いていた。見方を変えれば、女の〝負け組〟の文学といえなくもない。

それに比べて、〝道綱の母〟は己れの日記の冒頭に、作りごとやうその物語があまりに多いので、せめて自分がありのままの姿を述べれば、世間の人の何らかの参考になるかもしれない、という意味の書き出しを述べている。が、これはまさしく、勝った女性の〝負け組〟への勝利宣言と受けとれなくはなかった。

謙遜《けんそん》してはいるが、この美しくて賢い、誇り高い女性は、相当に自己主張の強い女《ひと》であったようだ。男に社会的な地位とそれに見合う経済力があれば、何人もの女を妻として当たり前といわれた時代――この現実をひれ伏すように素直に受け入れ、自分の弱い立場におぼれ、酔ってさえいた女も少なくなかった。

男への恨み言もいわず、よりを戻すために口説くこともせずに、

「しかたがないわね」

と、女が泣き寝入りした時代である。

だが〝道綱の母〟は、この女の宿命を決して認めなかった。男女の愛に身分の上下などあってたまるか、といった意識の強さが、彼女の日記には感じられた。

よほど、自分に対するプライドが高かったのだろう。それだけではなく、彼女は恋

愛の駆け引きに長《た》けていた。頭の回転が、速かったのだろう。

たとえば、しばらく通ってこなかった兼家が、久しぶりに訪ねていくと、前述の和歌のごとくに門を閉めて会おうとはしない。安っぽく、男に尻っぽなどは振らなかった。そうかと思うと、兼家のあとを密かにつけさせ、別に女がいて子まで生《な》していたことを知ると、心底、悔し涙にくれる。本妻＝正妻は認めるが、それ以外の女には負けたくない、と必死に努力し、他の女の産んだ女の子を引きとって、養女として育てたりもした。ときには、自分を蔑《ないがし》ろにするなら、と山寺に籠《こも》って兼家の気を引くことも。兼家はわざわざ、迎えに行っている。

また、私に興味をよせる男は他にもいるのよ、と仄《ほの》めかしたりもした。

そうした一方で、彼女は息子道綱の教育を怠《おこた》りなくやっている。

兼家はこの妻に右往左往させられながらも順調に出世し、〝道綱の母〟が三十九歳のときには、太政大臣となっていた。道綱も父のおかげで確実に出世が約束されており、この孝行息子はかいがいしく、父と母の間を取り持とうと、あれこれ気までつかっていた。

『蜻蛉日記』を改めて読み直してみると、そこには現代の女性に通じる、不変の愛に生きた一人の女の、戦い、駆け引きや呼吸といったものが読み取れる。

〝道綱の母〟は中世という閉ざされた、しかも貴族社会の中では、新しいタイプの女性といえるのではあるまいか。そう思うと、彼女の、

逢い見ての後《のち》の心にくらぶれば　昔はものを思わざりけり

も、意味深長である。もちろん、「逢い見て」は契ったことを意味している。男性にわが身を許してのち、その人が来るのをやきもきしながら毎夜、待っているのだろう。空しくすぎる時間、この境遇の苦しさに比べれば、拒絶していた以前のもの思いなど、もの思いのうちには入らない、というわけだ。

だが、彼女はそういいながら、次の作戦を練っていたのである。

ちなみに、道綱の母には妹がいて、菅原孝標《すがわらのたかすえ》（道真《みちざね》の五世の嫡孫）と結婚した。この女彼は平凡な地方官で生涯をおえたが、その娘は『更級日記《さらしなにっき》』の著者となった。この女

性については、改めて後述したい。

道綱の母に比べれば、純真にひたすら允恭天皇を待ちこがれて、絶世の美女・衣通姫が作った歌も伝えられている。

わがせこが来《く》べき宵なりささがにの　くものおこない今宵しるしも

蜘蛛の動きをすら、允恭の来訪の前兆と受けとって、待ちつづける女心が歌われている。なるほど、女心は難しい。今も昔も、これだけは変わらない。

「一夜妻」、女心で思い出す挿話が、『伊勢物語』の第六十段にあった。

日々、宮廷勤めで忙しくしていた男が、その多忙さにかまけて、つい、女のもとへ訪れるのをなまけてしまった。それでも男は、女への愛情をもっていた。

ところが女は、男ほどに己れに自信がなく、別の男を引き入れてしまい、ついにはその男をたよって西の国へ下ってしまう。

住みなれた都で暮らしたい、と思うのは女のつねだが、一方で、通ってくる男に見切りをつけられては、これから先を考えて心細くもなる。地方官の妻となって生活しても、物質的には恵まれているのだから……。
ところが、それからしばらくして、くだんの男が「宇佐使《うさづかい》」＝勅使として、女のいる西国へ下ってやって来た。男は自分を捨てていなくなった女が、今ではその国の役人、しかも奉迎役の妻となっていることを知る。
さあ、朝廷からの使者である。その国あげての歓待となったが、男は女に土器《かわらけ》を取って酒を勧めさせよ、という。昔の女に酌をしてもらい、今日は大いに飲もう、というわけだ。〝まれびと〟＝貴人の来臨である。所望を拒否することは、接待側にはできない。そこでついに、女が現われた。
男は酒のさかなとして膳にのぼっていた橘《たちばな》の実を手にとると、
五月《さつき》待つ花たちばなの香《か》をかげば　昔の人の袖《そで》の香ぞする
と、当時よくうたわれた歌を口ずさんだ。五月を待って咲く橘の花のかおりをかぐと、以前に馴れ親しんだ女《ひと》の袖のかおりがする――あなたは、私をお忘れか。覚えているか、私だ、昔の男だ、というわけである。女は、もとの男だと気づいた。

二人は交渉をもったであろう。女はそのあと、ふと、人の世のはかなさ、女の哀れさに触れたような気持ちとなり、尼となってしまった。

彼女も、まさに「一夜妻」である。

第二章

理想の男性像“いろごのみ”

「一夜妻」と人身御供《ひとみごくう》

「妻」を意味する言葉は、古語から方言、隠語までを加えると、およそ二百語を超えるといわれている。

皇后・中宮・妃・夫人・嬪《ひん》（女官・夫につれそう女）・女御・更衣・御息所・政所《まんどころ》・北の方《きたのかた》・御台所《みだいどころ》・御簾中《ごれんちゅう》・奥方・奥様・奥さん・ご新造《しんぞう》・おかみさん――云々《うんぬん》。

思うのだが、日本人は歴史的にみて、よほどに他人の奥さん＝人妻が気になるものとみえる。人妻――この魅惑的で危うい存在。小唄にも、次のようなものがあった。

人の女房と枯木の枝は　上る上るもおそろしや

だから、というのではないが、人妻にまつわる物語は喧《かまびす》しく伝えられていた。

鎌倉時代に、第八十八代の後嵯峨《ごさが》天皇（一二二〇～七二）がいた。あるときこの帝は、一人の女性を見そめて恋心を抱く。よほどの、思い入れであったのだろう。熱心に、懸命に探し求めた結果、さる少将の妻であることが知れる。

しかし、後嵯峨はあきらめきれず、なおもこの女性を求めつづけ、ついにはあろうことか夫に因果をふくめて、その妻を宮中に伺候《しこう》させるように、と命じた。

少将の妻はしかたなく、身分を隠して、密かに宮中へ出入りすることになった。夫はこの妻のおかげで、帝のおぼえめでたく中将となり、側近に侍《さむらい》する（つきそう）身分となる。もとよりすべては、秘密裏に行われた交渉であったが、人の口には戸が立てられない。いつしか事は露見し、世間に知られるところとなった。

中将はそのため、〝鳴戸の中将〟と呼ばれるようになる。鳴戸はすなわち「よき海藻《め》」のこと、つまり妻《め》――その産するところ、そのおかげの出世というわけだ。

これを、「鳴戸中将物語」という。

中将となった人の妻は、いわば人身御供《ひとみごくう》にされたわけだが、これまでにみてきた「一夜妻」のルーツには、一面、神に捧げる生贄《いけにえ》の要素もあったに違いない。

古代・中世においては、大規模な土木建築の場合、かならずといっていいほど〝人柱〟が立てられた。考えてみれば、スサノオのオロチ退治の話も、人身御供を連想させる。彼はアシナズチ（足名椎命《あしなづちのみこと》・脚摩乳）・テナズチ（手名椎命《てなづちのみこと》・手摩乳）夫婦の娘＝八処女《やおとめ》の一人・クシナダヒメ（櫛名田比売《くしなだひめ》・奇稲田姫《くしいなだひめ》）を八岐大蛇から救い出し、自らが女装して神を迎える巫女を装い、これを退治した。

『宇治拾遺物語《うじしゅういものがたり》』には、美作国《みまさかのくに》（現・岡山県東北地域）のチュウサンという神――実は猿が、人間の娘を妻に要求し、つぎつぎと〝人身御供〟を得てきたが、東国の勇者によって、最後はこらしめられる、という形をかえたオロチ退治の話も伝えられている。神の妻として幸福になる女性がいた一方で、一転、鬼や怪物に食べられてしまう哀れな女性の話も生まれていた。

興味深いのは、神（精霊）への人身御供は、時代が下るにつれ、神と人間の知恵比べに比重が移り、知恵をしぼって人柱から逃《のが》れた人間が、やがて人間そのもののかわりに、代用品を用意するまでになる。

平清盛《たいらのきよもり》が、経ヶ島《きょうがしま》――実際は埋立地――を造るにあたって、近くの塩槌山《しおづちやま》を切り崩し、須佐の大きな入江を埋め立て、岸壁をまず造って土砂を流し込んだおりも、難工事ゆえに〝人柱〟を立てたらどうか、ということになった。海の神様に生贄を捧げて、工事の邪魔をしないように、と協力をお願いし、お祈りするというのだ。

ところが、これを聞いた清盛は、

「人の生命《いのち》をなんと思うているのか。人柱の代わりに、一切経《いっさいきょう》を沈めればよい」

そういって、一切経を石に刻ませ、それを海に投じたという。

一切経は大蔵経とも、三蔵経ともいわれている。仏教聖典の総称であり、その集大成のことをいった。仏教聖典は通常、釈迦《しゃか》の説いた教説＝「経」、釈迦の制定した教徒の生活規定＝「律」、釈迦の教義を論議解釈した教徒の著作＝「論」の、三種（三蔵）に分類された。いずれにせよ、この時代、人身御供はお経ですむようになった。

経ヶ島の築造が開始されたのは、応保元年（一一六一）とも承安二年（一一七二）とも伝えられている。清盛にとって、人生を決したに等しい内乱＝平治の乱は、平治元年（一一五九）十二月に起きている。平家の天下になってから、経ヶ島が建設されたことは間違いあるまい。

二十一世紀の今日では、この経ヶ島はすでに海の中に消えてしまったが、経島山《きょうとう》来迎寺《らいこうじ》(通称・築島寺)は神戸市兵庫区島上町に今も現存している。

「一夜妻」との別れの刻限

〝よばい〟はもともと、神が巫女のもとを訪れて、神聖なる結婚を行う形からスタートしていた。それゆえであろう、女性のもとを訪れる男性は神の資格をもって通い、一番どりが鳴くとともに帰らねばならなかった。この習慣は、けっこう長い。

——古代・中世においては、時間の流れが今日とは大いに異なっていた。

午前零時で日付変更とは、ならなかったのである。一番どりが鳴くのが、一日のかわり目であり、それまでを「夜深《よふか》し」といった。一番どりが鳴けば、「あかつき」となる。このとき、神の時間と人間の時間が入れかわり、神界・幽界のものは地上から姿を消し去って、人間の活動がはじまる。

したがって、男性が朝の日がさし出るまで、女性のもとを去らないという無礼は、決して許されなかった。『万葉集』にも、

我が門《かど》に千鳥《ちとり》しば鳴く起きよ、起きよ　我が一夜夫《ひとよづま》人に知らゆな

というのがあった。暁のけはいの中、千鳥の鳴き声が聞こえはじめ、男性は密かに女性のもとを、去っていこうとしている情景である。

『伊勢物語』に、いまいましい一番どり＝にわとりを、夜が明けたら狐に食わせてやるぞ、という歌があった。

夜も明けば、きつ（狐《きつ》）には（喰《は》）めなでくたかけ（腐鶏《くたかけ》）の　まだきに鳴きてせなをやりつる

男性は暗いうちに女性のもとを去り、一度自宅へ戻って、一眠りしてから日常生活をおくった。ちなみに、戦国乱世を終えた江戸時代は、男性の、女性のもとを去る刻限が少々遅くなったようだ。

明けの鐘が鳴るまでは、女性のもとに居つづけることができるようになった。そのため、逢瀬を妨《さまた》げられた男女の恨みは、一番どりから鐘へと移る。

さよふけて、寝巻きのままのうたた寝に、ぞっと身にしむ恋風が、ええ、憎らしい、明けの鐘。（江戸小唄）

さらには、時が長くなった分だけ、数々の恨みが募ったのだろう。ついには、にわとりからカラスまで、鳥はなんでも恨まれる対象となる。

三千世界の烏《からす》を殺し、主と朝寝がしてみたい。

それにしても、男性も女性も、恋愛ごっこを心底たのしんでいるようにも思われる。これは、江戸時代のこと。話を、少し戻そう。

日本の伝統的な結婚習俗である〝よばい〟が、本来の求婚の意を逸脱し、後世、語源までもが忘れられて、〝夜這い〟となったのと同様に、大きく意味が取り違えられ、天上から地下に投げ捨てられたような言葉に、〝いろごのみ〟があった。

読者諸氏のイメージでは、〝色好み〟と書いて、いかにも中国風の「好色」をあて、手当たり次第に女性を騙《だま》す無責任な男、〝性交〟のみを求める身勝手な男との思い込みがあるかもしれない。が、〝いろごのみ〟は本来、理想の男性を表わすれっきとした、やまとことばであった。

男性の理想〝いろごのみ〟

そもそも、〝いろごのみ〟の「いろ」は、色の訓読ではなく、古語にいう「いろせ」（兄、弟）、「いろと」（弟、妹）、「いろね」（兄、姉）、「いろは」（母）、「いろも」（恋しい妻）といった使われ方をした語で、敬意と親しみを込めて呼びかけたものであった。

その原義は、『古事記』や『日本書紀』でもたどれないほど、古い単語であった。

その「いろ」に「このむ」が引っついた。これも「好」の訓読ではない。今日の感覚でいえば、「選ぶ」が最も語感に近かったろう。

すなわち、〝いろごのみ〟は自分の相手を選択するということになる。平安時代ではもっぱら、男性側から女性を対象にしてもちいられた。

では、なぜこの〝いろごのみ〟が、日本の理想の男性を表わす言葉たり得たのか。

国文学者で民俗学者でもある池田弥三郎《いけだやさぶろう》は、

「日本の色好み列伝というものを編纂するものとすれば、さしずめ大国主命《おおくにぬしのみこと》は、その巻頭にすわるべき人だが、人皇の歴代に入ってからは、まず仁徳天皇が次に記されることになるであろう」

と、『性の民俗誌』の中で述べていた。

これまで見てきたごとく、古代において日本では邪馬台国の卑弥呼の時代から、神と交わる巫女が、神の意向を体得し、その口を借りて神の言葉を人々に告げ、それを男の王に伝えて集落・豪族内の政治は行われてきた。これは国の大小を問わない。

やがて諸豪族は、今でいう町村から市、郡、さらには県から国のレベルへと国土を拡大していく。

その過程でくり返し戦争が行われ、勝利した側は、敗れた側の宗教的象徴である巫女を人質に取った。形は結婚だが、事実上は人質であったろう。巫女を手に入れることは、そのまま、その部族・集落の神をも支配下におくこととなったわけだ。

その具現化が、大国主命であった。彼は根《ね》の国に出かけて、その国の主の娘スセリヒメ（須勢理毘売・『日本書紀』には登場しない）を妻としてつれ帰る。この結婚によって根の国は、大国主命の支配する国となった。高志《こし》の国のヌナカワヒメ（沼河比売・『日本書紀』には登場しない）もしかりである。

征服者が他国を支配する形態として、古代ではもっぱら結婚が行われた。

やがて大和朝廷が誕生し、大王《おおきみ》が出現すると、諸国から豪族の娘たちが宮廷に奉られ、彼女らと大王が結婚することにより、地方の神々をも服従させることとなった。

これは宗教的政策であると同時に、国政の重要案件でもあったわけだ。

――問題は、妻となった多くの姫たちであった。

彼女たちが結婚生活をいやがれば、大和朝廷は混乱する。大王は多数の妻を、それぞれの地位に応じて、不平・不満の起こらないように扱わなければならなかった。

大王の振る舞い方が稚拙であれば、それは男女のいさかいではすまされず、内乱をひき起こす要因ともなったわけだ。国政上、戦争を含む危険な情勢を生み出すことにつながった。

大王といえども地方に対して、代々、常に圧倒的な武力を誇示しているとはかぎらない。妻たちの感情が豪族たちを連合させて、政権を覆《くつがえ》す可能性は決して少なくなかった。そうならないようにするには、大王の複数の妻への振る舞い方が、どの妻にとっても納得のいくものでなければならなかったのだ。

ここに、理想の道徳＝〝いろごのみ〟は誕生した。

先に池田の掲げた大国主命、仁徳天皇、あるいは先述の雄略天皇などを見ていると、彼らの中にこそ、〝いろごのみ〟の極意が語られていたように思われてならない。

〝恐妻家〟と焼きもち焼き

理想の男性に求められたのは、強さではなかった。弱さであり、現代にも通じるいい方が許されるならば、〝恐妻家〟の姿勢につきた。

その前提は妻の嫉妬深さであり、とりわけ「嫡妻《ちやくさい》」（むかいめ、とも・一番最初に正式の妻となった女性）の激しい感情の高ぶり、次にその「嫡妻」が強烈な個性をもっていること。〝いろごのみ〟の男性は、その「嫡妻」に振り回され、ときに馬鹿馬鹿しい振る舞いに及んだ。

これも、きわめて重要な条件であった。「烏滸《おこ》」（痴）という。もともとは中国の南方、今の広西省内に住んでいた未開の人々を、文明人が笑った言葉であったが、日本に伝えられる頃には、愚かで物笑いになるさまを指した。

なぜ、「烏滸」が理想の男性像となり得るのか。〝恐妻家〟を第三者が見た場合の、滑稽さを思い浮かべればよい。あれほどの人が、奥さんに頭があがらないなんて……、と第三者は心の内で笑っている。「烏滸」であった。

また、男性の理想が〝いろごのみ〟であった場合、女性の理想は何であったのか。

実は意外なことながら、〝ねたみ〟であった。愛情と憎しみはプラスとマイナスのエネルギーである。方向は真逆とはいえ、エネルギーが放出されていることは間違いなかった。多くの女性の場合、男性への愛情があるからこそ〝ねたみ〟を覚えるわけで、男性はいかに女性の〝ねたみ〟を大らかに受け止め、包み込むか。それが男性にかせられた、最大の課題でもあった。

大国主命の場合、日本最初の妬み妻が登場する。前述のスセリヒメだ。「スセル」とはおそらく、すさむと同系列の古語であろう。荒む、進む、遊むと漢字をあてるが、語意はますますすすむ、はなはだしくなる。うるおいがなくなる。粗雑になる。自制心がなくなり物思いに耽《ふけ》り、他を顧みる余裕がない。かと思うと、心を引かれるとの意味も、すさむにはあった。全部を要約すれば、焼きもちになるかも——。

大国主命ほどの人物が、焼きもち焼きの「嫡妻」にオロオロし、「烏滸」してしまうというわけだ。

仁徳天皇といえば、民の暮らし向きを煙の上がらないことから察し、租税を免じた

『月耕随筆』より、庶民の生活を案じる仁徳天皇

美談が有名だが、彼は一方で民間から皇后を初めて迎えた大王でもあった。大豪族・葛城《かつらぎ》氏のイワノヒメ（石之日売・磐之媛）である。

だが、朝廷ではやはり、皇族が皇后の座につくべきだ、との意見も強く、賛否両論は喧《かまびす》しかったが、当のイワノヒメはこれを認めようとはしなかった。

困った仁徳は、イワノヒメが紀伊国へ柏の葉（宮中晩餐《ばんさん》用の食器）を採りに出かけた留守をさいわいに、異母妹ヤタノワキイラツメ（八田若郎女《やたのわきいらつめ》・八田皇女《やたのひめみこ》）を召して結婚した。そのことが、すぐさまイワノヒメにバレてしまう。嫉《ねた》んだ彼女は、採った柏の葉を海に投げすて、山代《やましろ》（山城）国（現・京都府南部）まで家出してしまう。

美女を仁徳が召したときも、イワノヒメは大いに嫉み、恐れおののいた美女は宮廷を脱出。国許（吉備＝現・広島県東部と岡山県）へ逃げ帰ったが、仁徳はこれを留めることができなかった。イワノヒメはさらに、この美女を船からおろして、歩いて実家に帰したという。仁徳は未練たっぷりで、こっそり美女に会いにいくが、呼び戻すことはできなかった。

思えばすでにみた雄略天皇の、八十歳のもと乙女（赤猪子）に対する応援も、いささか間が抜けているといえば、いえなくもない。「烏滸」は〝いろごのみ〟の難しさを語る、方便であったのではあるまいか。同時に多くの女性を愛し、各々に満足させる術《すべ》というのは、情報伝達速度の速まった今日ですら、きわめて難しい問題であった。まして、古代・中世においては——。

日本一精力絶倫であった帝と将軍

〝いろごのみ〟の条件——質的ベストスリーはすでにみたが、では量的——日本一精力絶倫であった人物はさて、誰であったろうか。

日本史には〝性〟と結婚以外にも、誤解されたままのことが少なくない。

たとえば、「征夷大将軍」＝源氏の棟梁《とうりよう》＝「源氏長者」との思い込み——これまた世間では根強い。ここでいう「氏長者《うじのちようじや》」とは、古代よりつづく名門家における、代々の家長と考えればよかった。各々の氏寺や氏社の祭祀を、氏の中心としてつかさどる重要な役目を担っていた。大伴《おおとも》氏、中臣《なかとみ》氏、卜部《うらべ》氏、菅原氏、和気《わけ》氏などの「氏長者」が古くから知られている。

その後、朝廷が整備されるようになると、「源平藤橘《げんぺいとうきつ》」が誕生した。実はこの四氏には、他の「氏長者」にないものが認められていた。一族＝氏人《うじびと》の氏爵＝昇進を決める権利を、「氏長者」がもっていたことである。

正確には、この四氏に親王家の当主を加えるが、これらの中で一番複雑であったのが源氏であった。なぜならば、多くの支族が各々、単一の祖先をもっているのに比べ、源氏の家がスタートした時点から、複数であったことに由来していた。そもそもの起こりは、第五十二代・嵯峨《さが》天皇（七八六〜八四二）に原因があった。

桓武《かんむ》帝（第五十代）の子で、同母兄の平城《へいぜい》天皇（第五十一代）の皇太弟となり、大同四年（八〇九）に、嵯峨は即位した。上皇となった平城が、尚侍《ないしのかみ》（女官の最高位）の藤原薬子《くすこ》、その兄の右兵衛督・藤原仲成《なかなり》と、自らの重祚《ちょうそ》（再び天皇となること）を企てて仕掛けた、〝薬子の変〟を終息させ、朝廷の機構を再編成し、天皇権を伸張させた帝として、嵯峨は知られている。

また、空海《くうかい》・橘逸勢《はやなり》とともに、〝三筆〟（能書家）としても知られていたが、この帝が日本史全体に与えた影響の大きさは、それらとは別の、その絶倫ぶりにあった。

嵯峨は五十六年の生涯を通じて、皇子・皇女を五十人ほどもうけていた。

徳川幕府の十一代将軍・家斉《いえなり》が六十七年の生涯に、四十人を超える側室をもち、うち十六人に五十五人の子女（男子二十八人・女子二十七人）をもうけた記録がある（『続徳川実紀』『徳川諸家系譜』）が、年平均をとれば、嵯峨帝の方が一年にもうけた子供の数では、家斉を上回っている。

おそらく、確かな記録に残る中での、日本一精力絶倫の人物は、この帝であったろう（『古事記』に拠れば、伝説の景行天皇＝第十二代には、子供が八十人いたというが）。

もとより五十人が揃って成長するとはかぎらない。中世・近世の平均寿命は、後世に比べてかなり低かった。幼少児の、死亡率がきわめて高かったことによる。

だが、嵯峨帝の子供の多くは、無事に育ったようだ。その証左に、三十二人の親王・内親王に源の姓を与えて、これを臣籍に降下させている。

つまり、初代源氏＝初代氏長者が、源氏に関しては三十二人もいたわけだ（将軍家斉は男子十三人・女子十二人が成人していた）。

ちなみに、この源氏というのは、「源《みなもと》を天皇と同じうする」の意である。臣籍に身を置いた皇族の中で、当然のことながら数において源氏は他氏を圧倒していた。

加えて、歴代の天皇の多くが、親王たちを源氏に降下させている。

そのため、源氏の勢力は朝廷内外にひろがった。これはライバルの平家など問題にならない。平家は、桓武帝一代に興《おこ》ったものが大半である。ちなみに平家は、「平安京（京都市）の本訓タイラより起る。蓋《けだ》し桓武帝、此《こ》の都を建てられしにより、其の子孫、此の氏を賜ひしならん」とあった（太田亮著『姓氏家系大辞典』）。

ちなみに、源氏の幾人もいる初代氏長者の中で一番となると、筆者は源信《みなもとのまこと》ではないか、と推測している。

この人物は嵯峨帝の皇子＝親王の中で最年長者であり、当時の源氏の内で最も高い官位に昇った人物であった。天長八年（八三一）に参議従四位下＝公卿に任じられている（信の死後、弟の一人・融《とおる》が中納言から左大臣まで栄達してはいるが）。

「嫡妻」の〝ねたみ〟の根源

――話を、「烏滸《おこ》」に戻そう。

『源氏物語』の主人公・光源氏でさえ、とんでもない女性に愛をささやいて振り回される、滑稽を演じていた。

十九歳の源氏が、四十歳ほど年上の源典侍《げんのないしのすけ》という高級女官と関係をもつくだりもあった。おろかしいことだが、そのことを知った父の桐壺帝は、

「好き心なしと常にもてなやむめるを、さはいへど過ぐささりけるは」

といっている。

女官たちが、源氏には〝いろごのみ〟がない、と心配していたが、帝はどうしてどうして――と笑ったというのが出ている。つまり、帝は源氏の滑稽ぶりを肯定していたわけだ。末摘花《すえつむはな》という女性もいた。『伊勢物語』にある、「思うをも思わぬをも」(好きな女も嫌いな女も)分けへだてなく愛してみせ、真に迫った愛情表現をするものが、平安時代には〝いろごのみ〟といわれるようになった。

そういえば、『伊勢物語』の中で、美男子の代名詞のようにいわれる在原業平《ありわらのなりひら》が、「九十九髪《つくも》」という老女に、愛を語って寝る話もあった。徐々に〝いろごのみ〟の本質も、時代が下ることにより、好きものに動いた、ということであろうか。

ちなみに、〝よばい〟した妻は何人あっても妻であり、妾《めかけ》ではなかった。貴族の場合は、先に結婚した女性を「前妻《しなり》」（こなみ、とも）、あとからのを「後妻《うわなり》」と呼んだ。

一番最初の妻を「嫡妻」と称したことはすでに述べたが、もう少し補足しておきたい。〝よばい〟して〝かよい〟となり、やがて女性の家に男性が住み着く。

この同居によって、正式な結婚＝最初の妻が決まる。これが正妻である。つまり「嫡妻」のことであり、この地位は一人だけであった。

正妻と身分が等しい他の妻は、「本妻」と呼ばれた。こちらは複数可である。

それ以外にも、身分の劣る妻＝「妾妻」があった。彼女たちも複数可であったが、妻となっても身分は上昇しない。身分が召使いならば、〝性交〟しても身分は召使いのままであった。いささか、哀れではある。

さらに註《ときあか》せば、「嫡妻」はことごとくが夫より年上であった。

なにしろ、夫たる男性の誕生したおり、若くして産屋で「湯坐《ゆえ》」をつとめ、うぶ湯をつかわしたり、奉仕しており、そのため「嫡妻」を〝添いぶし〟と呼ぶのでもわかるように、彼女は母でもあり、姉でもあり、性教育の実施指導係でもあった。「嫡妻」は、後世の湯女《ゆな》の起源ではないか、と筆者は想像している。

それゆえに「嫡妻」は、年老いても強大な権威を握っていた。なにしろ、はじめていとなみをもった妻＝女性である。夫は頭があがらず、その分、大切に扱った。

そういえば、光源氏の「嫡妻」は彼が最も愛した紫《むらさき》の上《うえ》であった。が、彼女は親王の娘とはいえ、財産をさほどにもっておらず、明石《あかし》の上や女三の宮に嫉妬し、〝ねたみ〟、苦悩する。

――いささか、脱線することをお許しいただきたい。

女性の理想＝〝ねたみ〟について――『源氏物語』は見方を変えると、財産をもたない女性の悲哀がことのほか描かれているともいえる。が、これは作者・紫式部の実体験に根差していた問題であると同時に、中世全体の女性を考える、重要なキー・ワードでもあった。

父の失業が紫式部を創った

あれは、昭和四十一年（一九六六）のことであった。フランスのパリ・ユネスコにおいて、世界の偉人が選ばれた。この中で唯一、日本人として選出されたのが、紫式部であった。

今から千年も前に、彼女の書いた『源氏物語』が、なぜ、現代に外国を含めてこれほどの人気を博しているのか。この女流文学者については、当然のごとく、これまで文学の世界における解釈が行われてきた。

だが、歴史学の見地――『紫式部集』や『紫式部日記』などから、その作者・紫式部を検証してみると、文学とは違った、意外な発見が少なくない。

筆者の独断をあえて先に述べれば、すべては紫式部の、あまり男性に興味を示さず、むしろ同性に限りない関心と愛情をよせた、当時としてはきわめて前衛的な性格

このようにして、紫式部は『源氏物語』を書いた⁉

が、すべての基盤を成しているように思えてならない。

しかも、その根源に財力の問題があった。

紫式部は謎の多い女性で、まず、名前が伝わっておらず、生没も今もって定かではない。天禄元年（九七〇）の生まれを主張する文学者もあり、その三年後、八年後とする説もあるものの、いずれも決定的根拠をもたなかった。

明らかにされていることは、「紫式部」と愛称されたこの女性は藤原為時《ためとき》の娘であり、一つちがいの姉と二歳年下の弟・惟規《のぶのり》がいたということだ。

父の藤原姓は、太政大臣・摂関家と同じ北家（主流）の出身ではあったが、より正確を期せば、北家の支流といってよく、良房《よしふさ》―基経《もとつね》―忠平《ただひら》―師輔《もろすけ》―兼家《かねいえ》―道長《みちなが》とつづく嫡流とは、雲泥の差のある中流貴族の家系であったといってよい。

ただ、為時は学者として当時は著名であり、貞元二年（九七七）三月には、ときの太政大臣・藤原兼通《かねみち》（師輔の次男・兼家の兄）の邸で行われた東宮（のちの花山《かざん》天皇＝第六十五代）の御読書始の儀に、文章生《もんじょうしょう》ながら副侍読をつとめるなどの業績があった。永観二年（九八四）八月、東宮が即位して天皇となると、為時はその引《ひ》きで昇進。この年、式部丞《しきぶのじょう》・蔵人《くろうど》に補任され、同年十一月には式部大丞《しきぶたいじょう》となった。一説に彼は、三十代半ばであったという。

遅れても咲くべき花はさきにけり　身を限りとも思ひけるかな

為時の絶頂期であったといえる。が、その期間は短かすぎた。寛和二年（九八六）六月、花山天皇が藤原道兼《みちかね》（兼家の三男・関白在任十一日で病没）によって退任させられると、為時はたちまち官をすべり落ち、以後十年間、「散位」に棄て置かれることとなる。

位のみで職のない「散位」は、事実上の失業状態であった。為時が再び越前守となるのは、長徳二年（九九六）正月のこと。この父の失脚＝家の財政赤字が、紫式部の生涯にも多大な影をおとした。それ以前、彼女は幼くしてすでに母を失っており、後妻を家に入れなかった父の配慮で、式部は父と乳母、女房の手で育てられていたが、この間、学者肌で生一本、非社交的な父の性格を受け継いだ観《かん》があった。

日記の中に、幼少期の思い出として、父が幼い惟規に本を読ませたが、なかなか覚えられず、側で聞いていた自分の方がすらすらと覚えたので、学問に熱心な父は、

「この子が男だったらよかったのに――」

といつも嘆《なげ》いていた、というくだりが出てくる。

紫式部は当時としては破格に、男性がもっぱらとしていた学問＝漢籍にも造詣《ぞうけい》が深かったのだ。

男性より女性に興味のあった紫式部

大分以前のことだが、『源氏物語』を書くにあたって、紫式部が参考とした文献――その教養の――調査記録を読んだことがある。

『史記』や白楽天の詩集『白氏文集《はくしもんじゆう》』、『文選《ぶんせん》』など十三種、仏典は『法華経』以下六種、歌集にいたっては四十一種の教養を三十代の式部は、己れのものとしていた。

史書も『日本書紀』を読んでおり、こうした教養――とくに運命、興亡といった無常

観――が、若い彼女を独特な女性へと、創り上げていった可能性は否《いな》めない。

現に、なみの男性をはるかにこえる教養を身につけた紫式部は、それを隠そうとしている。のちに女官として宮廷にあがっても、人前では決して『白氏文集』の講義はせず、人のいないところで中宮にのみ講義をしたといい、自らは「一」の字も知らない（漢字が読めない）ような顔をしていた、とも日記に述べていた。

こうしたことからも、式部はおそらく、陰気な女性に育ったであろう。

加えて彼女は、遠縁になる藤原道綱《みちつな》の母が著した『蜻蛉日記《かげろう》』をも読破しており、その中でつづられた女性の悲しみ、苦しみをも知識としてものにしていた。

専門家によれば、『源氏物語』には『蜻蛉日記』の影響が大きいとか（『蜻蛉日記』については、すでに述べた）。

「なぜ私は、女になど生まれてきたのか――」

紫式部の嘆きは、二十代半ばで姉を失ってから、さらにきわだっていく。

姉のかわりに姉妹の契《ちぎり》を結ぶ女性をみつけ、もっぱらこの女性との間に相聞歌をとりかわしている。歌の内容からは、二人の関係はたんに親しい女性とのみは、考えにくい。ただならない、関係を示唆していた。

長徳二年（九九六）、そうした式部をともなって、越前守となった父・為時は越前（現・福井県）へ赴く。国には大・上・中・下の四等級があり、越前は大国であった。為時の財力は、ここでようやく復活した。

が、「姉君」と書き送り、先方からは「中の君」（妹）と書き送られてきた女性と、紫式部はひきはなされ、さらに二年後、三十歳近くで十幾つも年上の藤原宣孝《のぶたか》と結婚する。二人は、またいとこの関係にあった。

式部は、この婚期を逸した結婚、たって、とは望んでいなかったように思われる。

宣孝は、平安期の〝いろごのみ〟の条件を備えた人物であったようだ。歌と踊りの上手な、はなやかな男ぶりで、『大斎院前御集《だいさいいんさきのぎょしゅう》』や清少納言の『枕草子』にも登場している。彼にはすでに、幾人かの妻や子供もいたのである。

当時、男性が女性の顔をみるということは、貴族社会ではきわめて難しかった。

だが、女性の方は簾《すだれ》に隠れて、簾外の男の品定めをすることができた。いと、たやすいことであったのだ。加えて日本の宮廷後宮は、そもそも男子禁制ではなかった。女房の局（部屋）に、夫や愛人が泊まり込むことなど、日常的に平然と行われていた。罪の意識も、無論ない。

幼少の頃から紫式部は、宣孝を知っていた可能性もある。おそらく父・為時に懇願されて結婚したのであろう。その彼女がなぜ、『源氏物語』を自ら著したのであろうか。

式部はこの作品で、古《いにしえ》の〝いろごのみ〟を再現しようとしたのではないか、と筆者は思っている。高い教養と深い洞察力をもった彼女には、それ以前から、女性にとって結婚とはいかなる意味を持つのか、との問いかけがあったのではないか。

「もとより人の女《むすめ》を得たる人なりけり」（『紫式部集』）

式部ははっきりと、宣孝のことを、しっかりした親をもつ娘と結婚している男だ、といい切っている。

『源氏物語』に描かれた女性の真実

〝妻問い婚〟の当時、妻の実家＝先方の父親の身分が高く、財産の多い人であれば、夫は礼儀上、己れの将来も考えて、決してその妻を粗略《そりやく》にはあつかえなかった。

逆にいえば、実家の後見がなければ、妻は実に心細い存在となってしまう。

実家に力のなかった――父が失業していた――紫式部は、その意味でこの夫を愛することができなかったのではあるまいか。二、三年後、宣孝は急死するが、式部には夫の死を悼《いた》んだ歌がほとんどない。

紫式部にとっては、この夫だけが唯一のかかわりをもった男性であったようだ。夫を失い、やがて宮仕えに出る五年ほどの間に、彼女は『源氏物語』を書きはじめている。『源氏物語』のテーマは、みやびやかな描写に託して、時の流れと人生の真実を描こうとした、とよく耳にするが、では、その真実とは何であったのだろうか。

女性が実家の家や土地などの財産権をもつことができた時代、経済的な背景をもつことである種、男性と対等に近い意識をもち得た平安時代の真中――結婚に対して幻想をもってはいけない、相手がいかに理想的な男性＝〝いろごのみ〟であっても、結局のところ女性は不幸になるだけだ、女性の幸せは不幸と抱き合わせになっている、との思いが紫式部の結論であったように思われてならない。

「光源氏も、しょせんは男の一人なのよ」

というわけだ。

宮廷では、式部の生涯において六度も火災が発生し、巷《ちまた》では疫病が大流行。白昼、盗賊が宮廷に出没するかと思えば、朱雀門を一歩外に出れば殺人がおこなわれていた。そういう時代に、簾をかけるようにして描かれた無事泰平の『源氏物語』には、同様の心に簾をかけたような、屈折《くっせつ》した著者の意図が隠されていたように思えるのだが、読者諸氏はいかがであろうか。

一説によれば、紫式部は長和三年（一〇一四）春ごろにこの世を去ったと伝えられている。四十代半ばであったろうか。この時、父・為時は越後守として現地（現・新潟県）にあった。出発したのは寛弘八年（一〇一一）のことだが、為時がともなった惟規《これのり》は越後にてすでに病没していた。追い打ちをかけた娘・式部の死に、為時はいたたまれなくなり、官を辞して帰京したとも。晩年は、娘の産んだ賢子《かたいこ》の世話をしながら、余生を送ったようだが、この中流貴族の死去した年は不詳のままである。

ついでながら、賢子は母とは異なり、みごとな人生を送っていた。

藤原定頼・兼隆という摂関家の貴公子をつぎつぎとかよわせ、兼隆とは結婚もしたようで、一女を産んでいた。さらには天皇の乳母となり、従三位典侍《ないしのすけ》となっている。最後は、大宰大弐・高階成章《たかしなのなりあき》と結婚。夫は太宰府の次官（事実上の実務の責任者）であり、大金持ちであった。

従三位ならば賢子は、位田《いでん》三十四町、位封《いふ》七十五戸――女性ゆえ、その三分の二――を収入としており、夫の財力とは別に、自らも晩年の暮らしむきは、申し分のないものであったに違いない。

おそらくは、失意と孤独と無常観の中でこの世を去ったであろう紫式部は、あまりに時代を先駆けすぎたのかもしれない。

『更級日記』の作者が語る理想の結婚

平安時代、否、戦国末期まで、日本では女性の財産が認められていた。
夫婦の実態ということでいえば、宮廷から庶民にいたるまで、生活は夫婦互いに養い合っていた、共働きが一般的であった。

財力のある女性――たとえば、平安貴族の女性を念頭に、『更級日記』＝平安時代を代表する女流文学を読むと、興味深い発見があった。この著者は、菅原孝標《たかすえ》の女《むすめ》であり、すでにみた『蜻蛉日記』の著者・藤原道綱の母の姪に当たった。

彼女は、自らが思い描く理想の結婚について、次のように述べている。

いみじくやむごとなく、かたちありさま物語にある光源氏などのやうにおはせむ人を、年に一度《ひとたび》にても通《かよ》はし奉《たてまつ》りて、浮舟の女君のやうに、山里に隠し据《(ゑ)》へられて、花・紅葉・月・雪を眺めて、いと心細げにて、めでたからむ御文などを、時々待ち見などこそはせめ。

受領層＝中級貴族の出である彼女は、高貴な人の「嫡妻」や「本妻」にはなかなかなれない。それならば現実を受け止め、身にあった男性をみつけ、それはそれで物質的に豊かな現実生活を送りながら、一方で年に一度しか通ってくれなくてもいいから、光源氏のような〝いろごのみ〟の妻となりたい、というのである。

王朝時代は、すでにみてきたように、〝性交〟も恋の歌を詠む、やりとりをするのと同じぐらいの、軽さ、比重しかもたなかった。現代のように、愛の存在を重く問うこと自体、あり得なかったわけだ。〝性愛〟のあと、愛の問題は深められ、考えるものであった。当然、処女性、純潔には何ほどの価値もなく、ギャラントリー（女性に対する奉仕）の代償の一部ぐらいにしか、女性は考えていなかった。

夢のような〝いろごのみ〟との逢瀬――歌がうまく、ときおり手紙を送ってくれて女心を慰めてくれる。訪ねてきたならば、別れの朝の刻限まであきさせない言動、世間の話をしてくれ、風光明媚《めいび》を語ってくれる。そういう男性を年に一度待ちながら、わびしく月・雪・花を友として暮らす。なんと情趣のある結婚生活か、と『更級日記』の著者はいうのである。

彼女の父は、彼女が十代から三十代にかけて、上総《かずさ》や常陸《ひたち》の国守をつとめていた。〝いろごのみ〟への思いには、中流貴族＝上流女性たちの、物質生活ではみたされている女性たちの、一人の男性を複数の女性とでもいいから共有したい、との姿勢が明らかであった。

普通にみれば、〝いろごのみ〟の男性は大変である。

全部の女性に分相応の〝愛〟を配らなければならない。したがって広大な邸の中で、すべて関係のある女性たちを集めることができれば、空間的、時間的には大いに節約、短縮ができる。この華やかな集合生活＝行事を「殿うつり」といった。

だが天皇でもないかぎり、なかなか「殿うつり」はできない。〝いろごのみ〟はとにかく真面目＝「まめ」（まめなる、まめびと）でなければならなかった。

この「まめなる」の反対語が「あだなる」であり、「まめ男《お》」の反対語が「たわれ男」であった。

ところが近世に入ると、この「まめ」すらが、〝よばい〟、〝いろごのみ〟同様に、低俗な言葉へとおとしめられてしまう。好きものを通りこした、どんな女にも挑む性欲旺盛な男になってしまった。

崩れ逝く〝いろごのみ〟

大和言葉が崩壊したのみならず、語意も徐々に薄くなっていった。『源氏物語』に先行する『伊勢物語』には、すでに〝いろごのみ〟の三大条件の一つ、男の猛々しさが影を潜めていた。

平安時代の貴族社会では、仏教の到来・普及とともに、殺生を忌む心が強くなり、流血はご法度となって、英雄の条件からは消えることになってしまった。

そうした薄まる〝いろごのみ〟時代の具現者として、『伊勢物語』の主人公・在原業平は代表的人物、王朝の貴公子といえた。なにしろ、出自は申し分ない。桓武天皇（第五十代）の皇女・伊登内親王《いつ》と、平城天皇《へいぜい》（第五十一代）の皇子・阿保親王《あぼ》の間に生まれている。臣籍に下って、「在原」姓を賜わったものの、両親はそろって親王である。

ところがこの業平には、〝いろごのみ〟の条件である「嫡妻」の嫉妬に、相当するものも見当たらなかった。伝説では十二人の女性と関係をもったといわれているが、この恋多き男には「嫡妻」の〝ねたみ〟がなく、かわりに分不相応な恋愛があった。清和《せいわ》天皇（第五十六代）の皇后・藤原高子《たかいこ》、文徳《もんとく》天皇（第五十五代）の皇女で伊勢斎宮《さいくう》であった恬子《やすこ》内親王――この二人との関係である。

ともに手を出してはならない、高嶺《たかね》の花であった。

とくに後者は、宗教上も問題があった。神に仕えるべき女と生身の男が通じたということは、許されない大罪であったろう。恬子内親王は伊勢に出発するにあたって、天皇自らが「別れのみくし」＝櫛《くし》を彼女の髪にさし、それをもって親子の縁を切り、神の嫁、妻となったにもかかわらず、業平は……。

武士の世であれば、彼は十中八九、殺されてしかるべきであったろう。幸い、公家の平安時代であった。それでも、処罰はくだされている。業平は二十五歳で無位から従五位下（殿上人《てんじょうびと》）となりながら、以後、十二年間の経歴が伝えられていない。

三十八歳でなぜか、改めて地下《じげ》の正六位から振り出しの従五位（この場合は上）となっていた。十二年の間に一度位を落とされ、その罪が許されてのちに地下（六位）へ、さらに殿上人へとかえり咲いたことになる。宮仕えができないように、もとどりを切られたとか、東国へ下って歌名所をめぐっていたとかのいい伝えはあるが、平安中期以降の〝いろごのみ〟も、女性をめぐっては大変であった。『古今和歌集』に、

君や来《こ》し。我や行《ゆ》きけむ。思ほえず。夢か現《うつつ》か。寝てか　さめてか

恬子内親王＝斎宮の歌に対して、業平は、

かきくらす心のやみに、まどひにき。夢現とは、世人《よひと》定めよ

古今集に多く採られた業平の歌を、つなぎ合わせて歌物語としたのが、そもそも『伊勢物語』であった。この本では「世人」を「今宵《こよい》」としていた。いずれにせよ、

右の問答を念頭に、『伊勢物語』のタイトルはつけられたに相違ない。

では、〝いろごのみ〟が崩れていく時世の中にあって、一方の女性はどう変貌したのであろうか。

恋多き和泉式部

女性の〝ねたみ〟をともなわない、女版・在原業平＝〝いろごのみ〟といえば、やはり和泉式部であろう。おそらく日本史上最高の、恋多き女性は彼女であったに違いない。

日本一の尻軽女と言えば、女性の反発を買うかもしれないが、とにかくその人生の大半は、男を求めてやまない多情性に特徴があった。実に、凄まじいの一言に尽きた。

黒髪の乱れも知らずうち臥《ふ》せば　まづかきやりし人ぞ恋しき

和泉式部の父・大江雅致《まさむね》（匡致《まさむね》とも）は、冷泉《れいぜい》天皇（第六十三代）の皇后である昌子《しょうし》内親王に仕える、「太皇太后宮大進《たいこうたいごうぐうだいしん》」の職にあり、事務方としては豊かな暮らしをしていたといえる。受領《ずりょう》にも任ぜられており、木工頭《もくのかみ》であった雅致は越前守にも任ぜられていた。

その娘で、こちらの式部の、最初の結婚は十五歳頃のこと。相手は宮廷で知り合った、和泉守で昌子内親王の権大進を兼ねていた橘道貞《たちばなみちさだ》（橘諸兄《もろえ》の後裔《こうえい》）であった。彼女の「和泉式部」の呼び名は、この夫の官名に拠ったわけである。

ほかに、「江式部《ごうのしきぶ》」「雅致《まさむね》女式部」とあるが、これは父親に拠ったもの。よほど和泉式部は、〝性愛〟が肌に合っていたのだろう。結婚により性に目覚めた彼女は、一人の夫だけでは満足できなくなっていく。

そこで、手当たりしだいに手を出した。二人の間に、娘の「小式部」が生まれたが、世間は果たしてこの子の父は道貞であろうか、と疑ったという。

そもそも、貞操に罪悪感のない時代である。

式部は、冷泉天皇の第三皇子の弾正宮為尊《だんじょうのみやためたか》と出会う。親王は式部の妖しい魅力に誘われ、毎夜のように彼女のもとへ通った。道貞という夫がいても、式部には密通しているとの罪の意識はない。ただ、親からは「勘事」（勘当）されてしまったが、それで反省するような女性ではなかった。むしろ、無実の罪である、といい訳をしている。そのくせ、ますます親王に夢中となり、夫・道貞が陸奥守《むつのかみ》となった頃には、すでに式部は離婚していた。藤原道長の『御堂関白記』には、寛弘元年（一〇〇四）九月十六日の条に「陸奥守道貞朝臣《あそみ》妾子下向《しょうしげこう》」とあった。が、式部は京に残ったまま。

彼女にすれば、もっけの幸いであったろう。より以上、親王を求めつづけたところ、あまりにも彼女の要求が激しすぎたのであろうか、親王は二十六歳の若さで衰弱死してしまった。長保四年（一〇〇二）六月十三日のことである。

「夢よりもはかなき世の中を嘆きわびつつ明かし暮らすほどに――」

と『和泉式部日記』ではしおらしいものの、彼女は心の底からの猛省などしていない。為尊親王の葬儀で、僧侶の阿闍梨《あじゃり》が目にとまると、さっそくこれを誘っている。

一方、源 雅通《みなもとのまさみち》(藤原道長の妻である源倫子《りんし》の甥)とも関係をもち、稲荷参詣に出向けば少年を誘うありさま。

そうした〝性愛〟にも、刺激がなくなったものか、『栄花物語』や『大鏡』に拠れば、式部はなんと為尊親王の弟・敦道《あつみち》親王を誘惑する。彼はすでに「小一条の中の君」と結婚していたが、式部には知ったことではなかったろう。

親友の赤染衛門《あかぞめえもん》やその夫・大江匡衡《まさひら》は、しきりと戒めの言葉を送ったが、式部にとっては馬耳東風――むしろ彼女は、敦道が三条《さんじょう》天皇(第六十七代)のあと東宮となり、やがて即位してくれたら、との期待の方が大きかったかもしれない。

葵祭《あおいまつり》の日に、牛車《ぎっしゃ》の中でふたり睦《むつ》み合っているところを、あろうことか和泉式部はあえて簾を上げ、群衆に自分たち二人をみせびらかしている。

敦道親王の運命も、あわれであった。彼は兄と同じ道=衰弱死をとげてしまう。寛弘四年(一〇〇七)十月二日のことである。

そのあとも宮廷で、誰かれかまわず関係をもった和泉式部であったが、その一人には『蜻蛉日記』を書いた著者を母にもつ、藤原道綱もいた。

晩年には、しょうこりもなく道長の家司・藤原保昌《やすまさ》の妻ともなったという。「兵ノ家ニテ非ズト云ヘドモ、心猛クシテ弓箭ノ道ニ達《いた》レリ」（『今昔物語』巻十九）保昌は武人としてきこえた人物で、式部と結婚してのち、大和守となり、ついで丹後守、さらには再び大和守となっている。

彼は長元九年（一〇三六）九月に、七十九歳で没している。この夫への死をいたむ歌が、和泉式部には見当たらないことから、彼女はそれ以前に、この世を去ったと考えられる。

淫奔《いんぽん》な女――伝説の多くは、和泉式部に仮託した後世の創り話ではあったろうが、在原業平同様、〝いろごのみ〟が崩れ、やがて武士の世となる時代の、一つの女性の〝現象〟として、彼女の存在をとらえることはできるはずだ。

女性の経済力と婿入り作法

〝妻問い〟＝〝よばい〟を、経済面から少しみてみたい。

日本は南北に列島が長く、四季のめぐりは南洋のように、裸で暮らしていけるほど暖かくはなかった。にもかかわらず、衣類となる材料に日本は恵まれていない。

古代、コウゾ・カジといった樹木の皮から繊維をつむぎ、フジ・シナ・クズなどからも衣類を作った。いずれも樹木の皮であり、硬くてとても素肌に着用できるものではなかったが、他に素材がなかったため、しかたなく古代の日本人はこれらを着て我慢をした。やがて、絹と苧麻《ちょま》（カラムシとも）がもちいられるようになるが、これらの繊維を撚《よ》り合わせて糸を作り、織機に掛け、経糸《たて》に緯糸《よこ》を打ち込んで織る作業は、すべて女性の仕事であった。女性はいつもかたわらに桶《おけ》を置き、少しでも時間があれば手を動かして、繊維をつなぎ、糸を作る作業に余念がなかった。

この作業は、夜なべで行われることも、珍しくはなかったようだ。

苧麻と別種の大麻は、硬くて衣服にはむかず、縄や網にもちいられた。これらも家族が織った。

長時間、忍耐強く彼女たちは布を織り、そのできあがった布は自家用とは別に、米とともに、貨幣の代わりをつとめ、税にも使われた。貢納（税）とお上に買い上げて

女性はいつの時代も働いていた

もらう「商布《たに》」もあった。

つまり、庶民生活は男が食＝田畑を耕す労働を担当し、女は衣＝衣の製作（のちには販売も）をうけもった。男の税に「労役」という実労があったが、この「労役」は十日につき布（苧麻織物）二丈六尺（約十メートル）を納めれば免じられた。

また、中国を手本とした日本の班田収授法《はんでんしゆうじゆほう》では、女性にも口分田が男性の三分の二の面積与えられた。これは中国にはなかった、日本のオリジナルである。加えて、食事を作り、着るものを裁縫するのも、育児も、女性の役割とされていた。

日本の古代・中世においては、夫妻が互いに養い合い、支え合って暮らしていたわけだ。換言すれば、日本の女性は古代・中世において、男性に一方的に養われずとも、自ら生きていけるだけの、根拠をもっていたということになる。

宮廷においても、女性は男性の俸給の三分の二をもらうことができた。その「位《い》禄《ろく》」（四位、五位の官人の給与）や「季禄《きろく》」（春夏、秋冬の年二回に分けて支払われる給与）には、一疋《いっぴき》、二疋と数える「絁《あしぎぬ》」（悪し絹の意）などもあった。

女性は、親の財産を相続することもできたから、こと貴族に関するかぎり、政争のない女性の方が、男性より暮らしやすかったかもしれない。

だからこその余裕、夫を援助することもできた。これが「後見《うしろみ》」である。

平安時代の末期、永承五年（一〇五〇）頃、藤原明衡《あきひら》という学者が、『新猿楽記《しんさるがくき》』という随筆を著していた。この中に右衛門尉《うえもんのじょう》という衛門府の下級役人が登場する。

彼は宮中警護の役目を担っていたが、なんと三人の妻をもっていた。第一の妻は二十歳も年上、第二の妻は同じ年（四十歳）、第三の妻は十八歳であった。

右衛門尉はさぞや生活が苦しかったであろう、と思うのは大間違い。彼はこの三人の妻のおかげで、経済的には大いにうるおっていた。第一の妻は財産家の娘であり、第二の妻は商売もしていてお金持ち。夫の身のまわりのものはことごとく、彼女が用意してくれていた。第三の妻も、貴族のもとに仕える女官＝「女房」であった。

では、右衛門尉はどのようにして第一の妻と、最初の結婚にいたったのであろうか。彼のみならず、社会では荘園制度の発達、開墾・開拓地の増大など、社会生活の向上にともない、徐々に人口も増え、商いも広がりをみせてくる。

婿取婚《むことりこん》の作法

そうなると、〝よばい〟で通ってくる男を、妻方の労働力として確保しよう、との動きが出はじめた。

「露顕《ところあらはし》」と、呼ばれるものである。

最初は、労働力が切実な問題であった農民層から、起きたようだ。女性のもとへ通ってきた男性が、夜中、忍び寝ている現場を、女性の家人たちがとりおさえ、女性の家の食事——多くは餅《もち》——をむりやり男性に食べさせる儀式である。

この儀式はなぜか、忍び通って三日目に行うことが定着した。初夜、二日目では早すぎ、四日目では遅い、というわけだろうか。「三日餅」とか、「三日夜餅《みかよのもち》」という名で、平安貴族の社会にも結婚の儀式として残った。

「露顕」した男性は、コソコソと忍んでくることをやめ、公然と女のもとへ通うようになる。そして通っているうちに、ついには女の家に居ついてしまう。

妻問い婚から、婿取婚への移行とみてよい。婿取婚も当初は簡素な儀式であったろうが、試行錯誤をつづけているうちに、いつしか一定のルールをもつようになった。

この婿取婚で一番影響力をもったのが、女性の父親であったろう。

通って来ている男性へ、女性の父親が求婚する。「けしきばみ」といい、読んで字のごとく、気色（おこった表情）で男性の気持ちを動かし、男性の方から求婚を申し出るように仕向ける儀式である。これを受けて、男性が女性に求婚し、それを女性の父が同意して――最初からそのつもりなのだが――婚姻の話がまとまると、さらに擬制の求婚がなされた。これを、「文使《ふみつかい》」（消息使）という。

夜になるのを待って婿（この場合は貴族）は牛車に乗り、松明《たいまつ》をかざして夜ふけの都大路を行列でいく。婿の服装は、正装のやや略式がもちいられた。〝よばい〟の延長との考えが、まだまだ強かったからであろう。

迎える女性の方では、「脂燭《しそく》持ち」が家の中門まで出て、行列を待っている。

聖火リレーではないが、婿方の松明の火を脂燭に移し、この火で照らしながら婿を女性の寝所へ案内する。ちなみに、この脂燭は当時の照明具の一つで、松の枝を切って端をこがし、油をひいて灯火としたもの。脂燭は寝所の燈籠に移され、三日間は消さない。

寝所の階下で婿が沓《くつ》をぬいで殿上にあがると、寝所を区切る几帳《きちょう》の内側には、すでに女性＝新婦が先に入って男性＝婿を待っている。ここで婿＝新郎は、はじめて装束を解いた。この間に「沓取人《くつとりにん》」と称する者が、いま婿が脱いだ沓をそっと奥へ運ぶ。何をするのか。足を縛《しば》る呪法――沓を片方ずつ、女性の両親が抱いて寝るのである。婿の通いがつづきますように、同居となってわが家に落ちついてくれますように、ほかの女性のもとにはかよいませんように、と念じながら寝るのである。

翌日以降、新妻の家族との対面がおわれば、婿の供人（ともまわりの人）へ饗膳《きょうぜん》（もてなしのごちそう）が運ばれ、供人饗禄《きょうろく》の行事がとりおこなわれ、ここで公認の婿取婚が成立した。

婿が妻の家で暮らすようになると、その生活費の一切は妻方が持った。

とくに貴族の場合、婿の衣服の世話を妻の実家がせねばならず、少なくとも夏と冬の衣替の衣服を、新調しなければならない習慣となっていた。紫式部のところでも述べたが、これは経済的にきわめて負担が大きく、妻の家が裕福でないと婿はその妻の家に見切りをつけて、別に妻を求めた。

が、捨てられた妻の父母は、そのことについて婿に文句はいえなかった。財力がすでに、平安貴族の中では生活のうえで大きな価値をもっていたのである（庶民生活も同断）。また、婿取婚の結果としてできた子供の出産、育児も当然のことながら女の実家が面倒を見た。父となった男の方には、十世紀まで子を扶養する義務はなかったようだ。では、二人が別れた場合は、どうなったか。

子は父方の姓を名乗ったが、養育はあいかわらず母方において行われた。なにしろ子供の名前からして母親がつけ、それに父親は口出しできなかったのだから。

平安貴族の女性は、父親からも財産を相続し、そのため実家を動く必要がなかったのである。「三界《さんがい》に家なし」——女性には「三界」（過去・現在・未来）において、この世の何処《どこ》にも安住すべき家はない——などといわれた、武士の世＝封建制の時代とは、まったく別の国のような気がしないでもない。

藤原鎌足《かまたり》の長男と次男

しかし、少しうがった見方をすれば、女子相続制であればあったで、女性の父母は出世の見込みのありそうな、よりよい婿を取り込まねばならなかった。

婿取婚には、そうした女性の家の野心、必死の思いがあったことも忘れてはなるまい。夫も妻も共に働く時代、相互の助け合いは当然、結婚の大きな条件であった。

いつの時代でも、わが娘により良い婿を、と願う親心にかわりはないもののようだ。これで娘の見立てと親の見立てがあえば、何も問題はないのだが、中世女性は決して従順に耐えるだけの存在ではなかった。財産権をもっているということは、自己主張ができたわけだ。このあたり、現代女性に通じるものがある。

ついに、親の好まぬ男を呼び込んでしまうことも少なくなかった。ここに、現代とかわらぬ親と娘の相剋《そうこく》が生まれた。

——親と娘の相剋は、婿の場合にも存在した。

先ほど、寝所＝寝殿造《しんでんづくり》についてふれた。

今日の「ねる」の敬語が「やすむ」であり、この「やすむ」は何も休憩することだけを表わした言葉ではなかったことは、すでにふれている。夫婦生活をいとなむ、契りを結ぶことをも指していた。寝所は〝性愛〟の場でもあったわけだ。

女性のもとを訪ねる男性に対して、朝廷の巫女＝采女《うねめ》は天皇に指名され、呼ばれてその寝所を訪ねた。この朝廷の巫女＝采女で世に知られた美女に、安見児《やすみこ》がいる。大化改新（乙巳《いっし》の変）に活躍した藤原鎌足が、仕えた天智《てんじ》天皇（第三十八代）から拝領した妻である。彼女は朝廷では注目の的《まと》、今ならさしずめアイドルのような存在であった。鎌足は安見児との贈答歌、結婚の申し込みと礼儀上の、一応の拒絶（女性の返歌）、さらに男性が押すといった形式を踏んでいる。安見児を得た喜びを、鎌足は次のように歌っていた。

われはもや。安見児得《え》たり皆人の　得がてにすといふ、安見児得たり

これは連想だが、安見児は「やすみどころ」から考えて、女性の名というよりも、

後世、天子の御子を宿した女性という意味が、そのまま名前になったのではあるまいか。そして得た一子が、一説に不比等《ふひと》であったという。

この人物は、日本史上最強の二代目といってもよい。なにしろ、日本の歴史で約三百年、日本人そのものに影響を与えた〝家〟は、三つしか存在しなかった。

古代の天皇家、中世の藤原氏、近世の徳川氏——。

筆者は伝説の入りまじった古代を別として、中世と近世の二家の、影響力の強さの秘密を、共に二代目が優秀であったことに求めてきた（近世は徳川秀忠《ひでただ》）。

鎌足は四十六歳のとき、不比等を得ていたが、実は鎌足には、三十歳でもうけた長子・真人《まひと》があった。が、なぜかこの長子は幼くして仏門に入れられ、名も定恵《じょうえ》と改め、遣唐使の一員となって入唐《にゅうとう》してしまう。あまりにも才能が豊かで、学問の世界での成功を父は夢見たともいうが、真相は別なところにあった。

不比等の、裏返しといってよい。否、親と婿の相剋であったといえようか。

真人の母は、孝徳《こうとく》天皇（第三十六代）の寵妃《ちょうき》であり、鎌足は安見児のときと同様に、この女性を夫人として賜った。しかし、鎌足には安見児のときのような喜びがなかった。なぜならば、孝徳との仲が微妙にズレはじめていたからである。

蘇我入鹿《そがのいるか》を暗殺すべく、立ちあがったおりの主謀者は、軽《かる》皇子（のちの孝徳天皇）であり、「中臣」の鎌足と蘇我倉山田石川麻呂《そがのくらやまだのいしかわまろ》の二人が、補佐する企画者であった。

ところが、途中から参加した中大兄皇子《なかのおおえのおうじ》（のちの天智天皇）の力量を知ると、鎌足はこの君こそ、と思うようになり、軽皇子への忠誠心をひるがえした。

その政治的判断がそのまま、妻への応対に出てしまった。しかも孝徳から賜わった寵妃も、すでに子を孕《はら》んでいた。ほどなく生まれたのが、真人であった。

孝徳は生まれた子が男なら臣（鎌足）の子とし、女ならば朕の子とする、と事前にとり決めていたという（『多武峯略記《とうのみねりやくき》』）。だが孝徳は、のちの天智と対立した。実の父が義理の父の敵になったがために、真人は不運を託《かこ》つこととなった。

その後、真人は長安の都で十二年間、勉学を積み、二十三歳の若さで帰国したが、その後、急死してしまう。兄弟の明暗を分けたのは、一《いっ》に父と婿＝天子と鎌足の関係にあった。

第三章

“性”を謳歌した中世の日本女性

寝室の変遷

原始の時代、寝所は定められてはおらず、人々は冬になれば、たき火や囲炉裏《いろり》を囲むようにして、暖《だん》をとりつつ群がり眠った。それが大和朝廷の時代に入って、ようやく男女のための寝所――その原型ができる。

発展したのは、平城・平安時代であった。住居は竪穴《たてあな》式から移った、入母屋《いりもや》造りの平屋《ひらや》がそれで、これを取り巻くように小さな家が配置された。

この構造がやがて母屋と離れ――主家と従者の家へと発展していくのだが、夫婦の寝所は母屋の一画《いっかく》から、母屋を取り巻いていた幾つかの小家の一つへ、「妻屋《つまや》」（嬬屋《つま》とも）にあてられて、移ったのではあるまいか、と考えられてきた。

「吾妹子《わぎもこ》（我妹子・妻のこと）と二人我が寝し枕づく、つま（嬬《つま》）屋の内に……」

と、『万葉集』で柿本人麻呂《かきのもとのひとまろ》も歌っている。

母屋から離れた別棟が寝所として定着、ここではじめて前述の〝妻問い婚〟〝夜這い〟が可能となったわけだ。

しかし、ふと思ったのだが、娘が複数いる家はどうしたのだろうか。まさか、娘一人に「妻屋」を一軒ずつ建てるなどということは、よほどの高位高官でなければ経済的に難しい。どうやら、母屋の中に障害物を置いて仕切って使用したようだ。

平安初期、まだ几帳《きちょう》や屏風《びょうぶ》のない時代は、幕のようなもので仕切った。「帷《とばり》」（垂《たれ》絹《ぎぬ》）が使われ、後世に「帷内《ねどころ》」という言葉が残ったのは、そのためであろう。

あるいは、「帳《とばり》」（垂絹、帷よりは薄い）。けれど、これだけの仕切りでは、二人の話し声が「帳」の外へ漏れてしまう。姉妹たち及びその男たちの心中は、さぞ複雑であったろう。それもなれれば、聞き流せたのだろうか。

もっとも、貴族の子女たちの嘆きは、下々の者にとっては贅沢《ぜいたく》以外の何ものでもなかったはず。なにしろ多くの庶民は、「直土《ひたつち》」（じかの土の上）に藁《わら》を重ね、ほぐして、その中に眠っていた。この形態は、地方によっては江戸時代までつづくのである。のちの、馬屋（馬小屋）を連想すればよい。

平安の貴族社会では、やがて宏壮で優美な寝殿造が登場した（関連参照）。「寝殿」を中心に対屋《たいのや》、泉殿《いずみどの》、釣殿《つりどの》、廊《ろう》などが、ほぼ左右相称に建てられたが、この中心となる「寝殿」は、格子や妻戸はあるものの、きわめて無防備な建物であった。

「これでは使えぬでごじゃる」

と、彼らがいったかどうかは定かではないが、母屋を仕切ったように、一室の四方を壁で塗り、出入口を定めて妻戸を立てた一画が出現した。

「塗籠《ぬりごめ》」——完全なる密室の誕生であった。

蛇足ながら、この「塗籠」には入口が基本的に二つあった。

正面口と勝手口だが、一説に、男が〝夜這い〟して女のもとに来ているとする。そこへ、前夜通って来た別の男が、名乗るなり口笛を吹くなりしたとしよう。実は彼女の本命は、そっちの男性であった。迎えたいが室内には別の男性が……。こういうとき、一方の入口から新参の男を出し、本命をもう一方から迎えたというのだ。

——笑えるのが、男女の同衾《どうきん》である。

男性が公家の場合、彼は烏帽子《えぼし》をかぶったまま行為に及び、そのままで寝ている。頭の天辺《てっぺん》を人に見られているというのは、この時代、男の恥辱と考えられていたからだ。女性の方は頭上から床《ゆか》へ、長い長い黒髪を波打たせて眠った。

さぞや二人ともに、寝返りはうちにくかったであろう。

日本女性にとって、黒髪は女の生命《いのち》。とはいえ、平安貴族の女性の寝顔は、長い髪にからまって、さぞや乱れに乱れたものであったろう。が、幸いなことに平安時代の男女は、互いの寝顔を見ずにすんだ。室内が暗かったからである。無論、メガネもコンタクトも存在しなかった。おかげで互いの寝顔に幻滅することはなかったわけだ。

もっとも、いびきは聞こえたであろう。

人に見つかっては困る場所に、苦心して密かに迎え入れ、共寝した男が、いびきをかいたのは、人の気も知らないでにくらしい、と清少納言も『枕草子』（二十五段）で述べていた。

ベッドと嫁入婚《よめいりこん》の関係

さて、寝起きはいかがなものであろうか。顔を洗ったか、ふいたか。互いの衣を着て、男は帰っていく。

衣のすれ合う音、俗にいう〝きぬぎぬの別れ〟である。

この「きぬぎぬ」（後朝）の別れはそもそも、女性のもとにしのんだ男性が、別れぎわに、己れの下着と女性のそれとを交換したことに由来している、との説もあった。

「もう少し、寝やすくならないものか――」

と、〝きぬぎぬの別れ〟で男がいったかどうかは別として、寝具も時代とともに、少しずつではあるが改良されていた。

寝具として綿の入った夜着（袖あり）の「搔巻《かいまき》」が登場し、これをかけて寝るようになる。下に敷くものとしては、綿入れの薄い敷物＝「褥《しとね》」が定着した。方三尺余というから結構、広い（一尺は約三十・三センチ）。

貴族の男女は、まだいい。が、廊下で当直にあたる家人や家の婢は、板の間にごろりと横になるだけで、寝具などもちいることはなかった。

今一つ、ベッドについて――古代のベッド＝八重畳《やえだたみ》については、すでにふれたが、中世日本にも、西洋のベッドに擬すべき「帳台《ちょうだい》」が登場した。台の四隅に柱を立て、帳《とばり》を垂らして何処へでも運べる移動式のベッドで、塗り台のうえには畳二枚（それ以前は筵《むしろ》、褥）を敷き、四辺に六尺七寸の柱を四本ずつ立てた。頭上には塗骨《ぬりほね》の明障子《あかりしょうじ》を載せる。時代が進めば畳の上に井草を敷いて、その上にさらに「褥」を敷いた。

二畳敷の内部には、几帳《きちょう》を三台もいれ、これに巻かれるようにして寝たという。枕は「沈《じん》」（香木）をもちい、搔巻を使用することもあった。

どうやら、この「帳台」に香を焚《た》く一式や髪をくしけずる道具などがもち込まれ、のちの〝寝室〟に近づいていったようだ。「帳台」はやがて固定され、寝殿の中央へ――これが書院造《しょいんづくり》の上段の間へと変貌をとげていくのだが、これはまだ先のこと。

平安貴族の優雅な生活に、「帳台」が登場した頃であろうか、彼らの生活を大きく変化させる、とんでもない人々が現われた。中世の中頃から発生した武士は、貴族の犬馬がわりにこきつかわれていたのだが、それが徐々に発言力を持ち、やがて自らの力にめざめ、源平争乱の時代を経て、武士の支配する時代を出現させてしまう。

これまでの、教養第一主義の貴族社会におけるリテールが、まったく通用しない時代がやって来た。人間の価値は一変し、高い教養など必要なくなり、実力、強さこそが男の器量との認識が、天下六十余州に広まってしまう。

換言すれば、野卑な男性の時代がやって来たわけだ。そのため、あらゆる援助を女に受けるのは、武士の面目にかけて「恥辱である」との考え方が台頭した。

とりわけ開拓農民である地方の武士にすれば、毎日が土地をめぐっての、一族内外との抗争の中にあった。祖父伝来、切り拓いてきた土地を守るためには、己れの土地を離れることができない。なかなか女のところへ、通う機会がなくなってしまう。

それならば、と代案として生まれたのが、同じ聚落《じゅらく》に住む娘との婚礼であり、暴力が正義の時代となっては、弱肉強食の論理——力の強い一族が、力の弱い近隣の一族から、娘を献上させることも当然のごとく行われるようになった。

ただし、武士の時代は突然にやって来たのではない。

揺籃《ようらん》期を経ていた。宮廷が摂関政治から、院政へと移る過程——平安時代の末期、動揺する宮廷にあっては、混乱する世相を受けての、奇抜で官能的、そしていささか猟奇趣味すら感じさせる物語が誕生していた。題して、『とりかへばや物語』――。

揺籃時代の「男装の麗人」物語

権大納言《ごんのだいなごん》で大将を兼ねた宮廷人に、妻が二人いた。一方の女性は「女君」を産み、もう一方は「男君」を産んだという。

この異母兄弟は、不思議なほど顔形がよく似ていたが、性格はおよそ対照的で、女君は小さいときから積極的であり、活発で外歩きを好む男性的な性格だった。そのためであろう、「若君」と呼ばれ、男子として育てられた。

一方の「男君」は逆に、女子として育てられる。「女君」は成長してからも、そのまま男として宮中に出仕し、権中納言左衛門督《さえもんのかみ》に昇進した。そして右大臣の娘・四の君の婿となるが、不思議なことに怪しまれることなく婿（男）として通したという。ちょうどそのころ、帝《みかど》の譲位のことがあって、亡き皇后のお産みになった、ただひとりの御子、一の宮が女ながらに東宮に立った。平安時代、すでに女性の天皇は珍しくなっている。

さて、「男君」はいうまでもなく男。それが表面上、女性として東宮の後見役・宣《せん》耀殿《ようでん》に入り、尚侍《ないしのかみ》となったが、いつしか東宮と男女の契りを交わしてしまう。つまり、〝性愛〟したわけだ。

一方、「女君」の相手＝妻、かの右大臣の四の君には、宰相で中将なる人物——後世にいう好色漢——が、忍んで四の君に迫り、そのために四の君は懐妊してしまう。当時の宮廷としては、決して特別なことではなかったろう。しかし、中納言に昇進していた「女君」は、このことを知って世を儚《はかな》み、出家遁世を志す。やがて、四の君は女児を産む。

そんな、ある夏の暑い日のこと。たまたま来合わせた、好色漢の宰相中将は、四の君の夫である中納言が薄物を着ているのを目撃。透けてみえた体から、女性であることを見破ってしまった。そして、無理に迫って契りを結ぶ。

「女君」こと中納言は、嘆き悲しむがもはやどうにもならない。そのうえ、間もなく懐妊してしまった。翌年の春には、右大将に登ったものの、「女君」はお産のために、宇治の中将の別邸におもむく。

このとき、「女君」は男装をとき女の姿に戻る。一方、「男君」＝尚侍は、行方の知れなくなった「女君」を探すため、宮中を退出して女装を男の姿に戻していた。「男君」は探し求める「女君」に宇治で一度出会うのだが、皮肉にも女の姿に返っていた「女君」に気づかなかったという。

その後、「女君」は宇治で男児を産み、手紙を「男君」へ送って、二人はようやく再会をはたす。二人は相談した結果、ここで互いに入れかわり、京に帰って、それぞれ出仕することにした。

東宮はその後、「男君」と契ったおりにできた男子を産んで、自らは東宮を退位し、女院となって、わが子の若宮を東宮に立てる。一方、「女君」はかつての悲劇とは裏腹に、中宮となり、物語はめでたしめでたしに終わる。

この物語が生まれた頃、藤原鎌足—不比等にはじまる、さしもの藤原摂関家の独占政治も、「院政」——天皇を引退しながら、上皇として宮廷の実権を握ったままの政治—の出現によって、崩壊しつつあった。

いかなる体制、組織にも、永遠はないようだ。結婚の形態しかりである。

『とりかへばや物語』には、そうした宮廷内の混乱に驚嘆し、動揺した世相が背景にあったことは重要である。

かぐや姫はペルシャ女性

ふり返れば、平安の王朝の時代に、泰平の夢に酔いながら、生み出された名作があった。かぐや姫――この美しい姫は周知のように、竹取りの翁《おきな》・讃岐造《さぬきのみやつこ》麻呂《まろ》によって、竹のなかから発見される。このわずか三寸（約九センチ）ほどの小さな女の子は、慈悲深い翁と嫗《おうな》に養育され、三ヵ月もすると、もう普通の娘の大きさにまで成長をとげた。

一方、翁はその後、竹を切るたびに黄金を見つけ、たちまち長者の分限となる。盛大に髪上げ、裳着《もぎ》（女子が成人したしるしに、はじめて裳《も》を着る儀式）などをすませ、御室戸《みむろど》斎部《いむべ》の秋田を呼び、娘に名前をつけさせる。

「なよ竹のかぐや姫」(竹のようにしなやかで光り輝く美しい姫)と命名された。

かぐや姫はその名のとおり、美しいこと比類なく、家のなかは彼女の存在だけで明るく光に満ちあふれる。平安時代初期、西暦九〇〇年前後に成立したといわれる『竹取物語』では、かぐや姫の生い立ちをこのように記していた。

その素姓はというと、実は月に棲む高貴な姫君で、いささか罪をつくった償いとして、しばし人間界へ追放の身となった事情が、のちに明らかにされる。

天上界の神仙の美女――この発想はおそらく、『丹後《たんご》国風土記』『近江《おうみ》国風土記』などの逸文が伝える、古《いにしえ》の羽衣伝説の影響かと思われる。

また、翁や嫗に目を移すと、この頃、籠《かご》、箕《み》(穀物などに混じったほこりや糠《ぬか》などを取り去る道具)、笊《ざる》などの竹細工で世過ぎをする職人は、最下層の賤民《せんみん》とあつかわれていたから、その階層の夫婦が、かぐや姫を発見することで大富豪になるというのは、あきらかに庶民の夢＝富貴への願望や幸福への憧憬を表わしていたといえるだろう。

――かぐや姫はまさに、庶民たちの切望した理想の象徴であった。

少し専門的なことをいえば、『古事記』（七一二年に成立）の中つ巻には、垂仁《すいにん》天皇（第十一代）の妃に「迦具夜比売命《かぐやひめのみこと》」の名が散見される。命名のヒントに使われたものだろうか。平安時代中期の作品である『宇津保物語』や『源氏物語』『狭衣《さごろも》物語』などにも「かぐや姫」の名が見え、『竹取物語』の影響が如実に認められる。

歴史物語の『大鏡』にも、太政大臣の藤原実頼《さねより》（九〇〇〜九七〇）が愛娘に「かぐや姫」と名づけて慈しんだ、との実話もあるほどだった。

さて、『竹取物語』のかぐや姫だが、その後、彼女は多くの求婚者に悩まされる。なかでも熱心な五人の貴公子に対して、かぐや姫はそれぞれ無理難題を持ち出し、求婚を退けた。このあたり、〝よばい〟のさまを連想させる。

最後には帝が訪問して求婚するが、これも拒否して従わない。そして、八月の十五夜、天人たちが空から迎えにやってくる。別れぎわ、姫は翁夫婦には人情を、帝には愛情をおぼえ、人間界に深い愛着を残しながらも、羽衣をつけ天上界に帰っていく。

ところで、平安時代後期の『今昔物語』（巻三十一）の説話では、この「かぐや姫」の物語、作中には名前がなく、単に「児」「女」と呼ばれ、難題も三つという点が相

『月耕随筆』より「都幾百姿の月宮迎 竹とり」

違していた。

さらに鎌倉時代に入ると、翁が見つけた鶯《うぐいす》の卵から、かぐや姫が生まれたとする異伝も登場。『曾我物語』や『海道記』にも、この卵からの物語があった。つまり、中世には竹から生まれる竹姫型のほかに、鶯の卵から生まれた鶯姫型があり、どちらかといえば後者が主流をなしていたようだ。他にも、帝と結婚したのち、鏡を残して昇天する内容のもの（『臥雲日件録《がうんにっけんろく》』『三国伝記《さんごくでんき》』など）もあった。

目を海外に移してみると、『チベットのものいう鳥』（田海燕編、君島久子訳・岩波書店）――この本によれば、中国の奥地・チベットにも、かぐや姫によく似た民間伝承「竹娘」説話のあることが述べられていた。

最近、お会いした孫崎紀子さんの説によれば、『竹取物語』の作者は菅原道真の孫・文時《ふみとき》であり、かぐや姫のモデルはササン朝ペルシャの、王の血をひく姫であるとのこと。外交官夫人として、ペルシャ語に造詣のあるその説は、十二分に傾聴に値するものであった。詳しくは、そちらの発表を――。

いずれにしても、かぐや姫のルーツは存外、世界に求められ、物語は背後に、さらにスケールの大きな〝歴史〟を背負っているのかもしれない。

義経《よしつね》の母・常盤《ときわ》の真実

時代の主役が、平安貴族から武士に移ってしまった。

〝いろごのみ〟の極意であった「ギャラントリー」を発揮して、歌や手紙で女性をなぐさめ、心身ともに交わる男女の関係が一転し、男の腕力に女が捻《ね》じ伏せられる世が招来してしまう。〝妻問い〟は、嫁入婚に一変してしまった。

混乱する平安時代末期――『平家物語』に登場する、義経の生母・常盤《ときわ》御前も、時代に翻弄《ほんろう》された犠牲者といえなくもない。

また、彼女には史実と伝説に、大きな落差もあった。

洛中洛外随一の美女といわれ、のちに源義朝《よしとも》の妻となった常盤――『平家物語』では代表的な悲劇のヒロインとして描かれている――は、市塵《しじん》にまみれて暮らしていた十三歳の年に、藤原伊通《これみち》が己れの娘・多子《よしこ》の参内（第七十六代・近衛《このえ》天皇の中宮）に際して行った、侍女選びにおいて、千人の候補のなかからただひとり選ばれたスターであった。常盤の身分は、九条院多子の雑仕女《ぞうしめ》（最下級の女官）でしかなかったが、その美貌は都はおろか、日本中に知れ渡っていたという。

これに懸想《けそう》（恋したうこと）したのが、三十歳をすぎた頃の源義朝であった。上昇途中の武士における、二大勢力の一方、源氏の棟梁《とうりょう》である。

常盤は十五、六でもあったろうか。足しげく常盤のもとへかよった義朝は、彼女を妻として今若、乙若、牛若（のちの義経）の三子をもうけた。

この間、保元元年（一一五六）に勃発した保元の乱により、武士を追い使って来た朝廷＝院や天皇が、武士の力を必要とすることが決定的となった。平清盛と与《くみ》した義朝は、後白河《ごしらかわ》天皇（第七十七代）の側にあって勝者となり、乱後、昇殿を許され、それまでの下野守《しもつけのかみ》に左馬頭《さまのかみ》を兼任することとなった。

ところが、数年して平治の乱が起きる。院となった後白河の政治権力をめぐって、院の近臣と武士の間に抗争が勃発。自分以上に出世した清盛を討つべく参戦した義朝は、結局、清盛に敗れて横死する。平治二年（永暦元年＝一一六〇）正月のことである。義朝は享年、三十八。

常盤は、八歳の今若と六歳の乙若の手をひき、去年生まれたばかりの牛若を背負い、夜陰にまぎれて、清水寺へ逃げた。その日は山内の塔頭《たっちゅう》にかくまわれたものの、京をあやういと考えた常盤は、果敢にも京からの脱出を実行する。

宇陀郡《うだのごおり》龍門《りゅうもん》（現・奈良県宇陀市か）という里にある、伯父を頼ろうとしたのだが、常盤の母・関屋《せきや》がとらえられて六波羅にひきたてられる。この噂《うわさ》を聞いた常盤は、母を救うべく自ら名乗って出た。

一方、勝者となった清盛は、以前から美貌で名高い常盤に興味を抱いていた。そのため直接、尋問の場に姿を現わしてしまった。このことが、ついには平家の天下を覆すことになってしまう。彼女の美しさに魅せられた清盛は、常盤の涙に三人の子供（男子）を助命してしまった。

もっとも清盛は、この時点で、すでに義朝の三男・源頼朝を助けていた。かならずしも、常盤の美貌だけが原因であったとはいいきれない。が、美貌の効能はあったろう。常盤の三人の子供は仏門に入ることで許され、かわりに常盤は清盛に囲われる身の上となった。屋敷を与えられ、清盛がそこにかよったわけだ。

——さて、ここからが歴史の真実となる。

常盤は、清盛の子供を産んでいた。もし男の子ならば、この先に待ち受けている源平合戦のなかで、あるいは異父兄の義経と矛《ほこ》を交えたかもしれない。幸いなことに、生まれたのは女の子だった。のち、この女の子は「三条殿」と呼ばれる琴や書道の名手となり、騒々しい下界とは別に、大納言・藤原有房《ありふさ》の妻となり、平凡ながら安定した貴族の奥方として生涯を閉じている。

その後、清盛は常盤に飽きたのだろうか。人を介して、大蔵卿の藤原（一条）長成《ながなり》のもとへかたづけた。常盤はここでも、男の子をもうけている。この間、牛若こと義経が、清盛や長成に抱きあげられたことは一度や二度、あったはずだ。

物語の世界では正と邪、源氏と平家と単純に二分化されがちだが、歴史の真実はそれほど明快ではない。ついでだが、常盤は長成のもとで幸福な生涯を終えている。亡霊になったの、祟《たた》ったのというのは、後世の作り話にすぎない。

義経の愛妾・静御前《しずかごぜん》の最期

常盤御前の子・牛若——成長した源義経が、華々しく活躍する『平家物語』は、全巻を通して諸行無常《しょぎょうむじょう》を訴えており、それゆえ、この物語に登場する幾つかの恋ははかなく、むなしい。

——たとえば、義経と妻・静御前の悲愛。

静は、白拍子《しらびょうし》の出身といわれている。この白拍子は神社の巫女から派生し、傀儡《くぐつ》(移動する芸人・遊女《あそびめ》)となり、平安時代には廻国の芸能者として、白い水干《すいかん》に立烏帽子《たてえぼし》、白鞘巻の脇差(短刀)を差して、男装による〝男舞〟をまったという。別に「傾城《けいせい》」(遊女)とも、「道の者」とも呼ばれた。が、後世の吉原《よしわら》における太夫《たゆう》とは、まったくの別ものであった。彼女たちは宮廷にも、天皇の前にも出ている。

白拍子の起源には、二説あった。一つは鳥羽院《とばいん》(第七十四代天皇)のおり、島の千歳・和歌《わか》の前《まえ》という二人の遊女が舞い出した、との説で、これは『平家物語』(巻一)に拠る。

いま一つは、藤原通憲《みちのり》（信西入道《しんぜい》）が舞女からとくに芸道熱心な者を選び、磯禅《いその》師に教えて舞わせたというもの。こちらは、『徒然草』（第二百二十五段）の説。なお、後者によれば、この磯禅師の娘が静であったとなる。

おそらくは後白河法皇の引き合わせであろう、静は義経と出会い、〃よばい〃〃かよい〃のしあわせな結婚生活を送ったのだろうが、二人の幸福な刻《とき》はさほど長くはつづかなかった。

源平合戦に勝利した源頼朝は、独自の武家政権を樹立する。文治元年（一一八五）十一月三日、兄の頼朝との確執から、義経は突然に京都を追われることになる。

同月六日、摂津国の大物浜《だいもつがはま》（現・兵庫県尼崎市《あまがさき》）から船に乗って、四国へ渡ろうとした義経一行は、突然の暴風で船が転覆。従者は散《ち》り散《ぢ》りとなり、四天王寺《してんのうじ》の辺りに辿《たど》りついたときには、義経のほか伊豆有綱《いずありつな》・堀景光《ほりかげみつ》・武蔵坊弁慶と、静の四人だけとなっていた。

その後、義経たちは吉野山へ潜伏するが、その噂から山中の捜索が始まる。

身の危険を感じた義経は、多武峯《とうのみね》へと逃避行するが、この途中、彼は雪の吉野山中

頼朝・政子の前で舞いを舞う静御前

で静と別れる。十一月十七日、京都に戻ろうと藤尾坂から蔵王堂に降りてきた静は、吉野山の衆徒によって見つけられ、捕らえられてしまう。

京にあった頼朝の舅（北条時政《ほうじょうときまさ》の実父）・北条政子《まさこ》のもとで、義経の行方を尋問された静は、その後、鎌倉へ。翌文治二年閏七月二十九日、静は鎌倉の頼朝に囚《とら》われのまま、愛する義経の子を出産するが、男子であったために、頼朝の命を受けた安達《あだち》新三郎によって、由比《ゆい》ヶ浜《はま》にわが子を棄てられてしまう。

また、頼朝・政子の前で舞いを強要された静は、恋しい義経を思いながら舞ったとも。

悲嘆に暮れつつ、静は母の磯禅師とともに九月十三日、京へ向けて鎌倉を発《た》った。

ここまでのことは、『吾妻鏡』によって明らかにされている。が、その後の、静の確たる動静は伝わっていない。後世の『義経記』には、静はそのまま北白河に帰ってはきたが、呆然《ぼうぜん》として、ただ持仏堂に籠もって経を読み、仏名を唱える毎日を送った、と伝えられている。そして、夫と別れ、子を殺された疎ましい世俗から逃れるために出家し、天王寺――または、史実に合わないが、後世の南北朝時代に創建の天《てん》龍寺《りゅうじ》――の麓《ふもと》に草庵を結び、母の禅師とともに信仰生活を送ったという。

静はこの頃、まだ十九歳の若さであったが、翌年の秋の終わりには見事な往生の素懐《そかい》を遂げた、ということになっている。

また、『異本義経記』の一説としては、義経自害を契機として静は出家し、名を〝再性尼〟と改めて嵯峨に住み、のちに南都にも移り住んだという。それによると彼女は、義経の死後の文治五年以後も存命し、義経の追善供養をしたことになっている。

ほかにも日本の各地に、静御前の伝説や彼女の墓と称されるものが散見される。

これらの静御前の足跡は、歩き巫女たちの存在とも決して無縁ではなかったろう。わが夫やわが子の供養をつづけたり、各地を巡るその姿は、悲劇の女性として、広く人々の哀れを催《もよお》したにちがいない。静御前の話は、謡曲「吉野静」「二人静」「船弁慶」などにつくられ、浄瑠璃にもなった。

源平争乱の時代は、後世からみれば、婿取婚から嫁入婚へと移る過渡期ということになる。

男子の遺産相続制へ

ただ、時代の推移で見落としてならないのは、財産を女子が受け継ぐ形態は、武士の世界になっても、依然つづいており、親または夫の財産分与には女性もあずかることができた点だ。

平安時代末期においても、女性に所領の処分権があったことを、綱野善彦《あみのよしひこ》はその著作で述べていた。その裏付けあればこそであろう、先の常盤御前のように、悲劇を創られた女性も史実では、分相応の暮らしをしていた。財産の相続ということでいえば、鎌倉時代に入っても、御家人、地頭にも、女性は存在している。彼女たちは、平仮名ながらも男同様の、文章が書けるだけの教養をもっていた。

南北朝期を経て室町時代に入ると、土地財産、所領についての、女性の権利は以前に比べて弱くはなったが、それでも女地頭はまだ存続しており、守護大名の妻が、〝女戦国大名〟や〝女城主〟になった例は、決して少なくなかった。

むしろ問題は、宮廷においては藤原氏の独占があり、律令制度の頃に比べれば、他姓の貴族はふるわなくなった。その権力を誇った藤原摂関家も、院の登場で財力が激減してしまう。院も平家に、ついで源氏に富を奪われ、武士の活躍は相対的に公家の生活から、ゆとりと余裕を奪うこととなった。

農民の生活からも、ゆとりと大らかさが消えていく。

鎌倉時代＝十四世紀に入ると、農耕器具の技術的限界もあって、開拓しつづけてきた新たな土地の入手が、それ以前に比べると質量ともに困難となり、土地の増加・拡張が難しくなった。にもかかわらず、人口は増えつづけている。

財産の分配ということでいえば、宮廷人も、開拓農民＝武士も、同様の悩みを抱えていた。土地をめぐる争いが激化しており、これまでのような悠長な分割相続制をつづけていけば、一族一家の勢力が細分化され、全体とし、近隣の勢力に呑《の》み込まれる懸念が、次第に理解されるようになった。

そこで一族の生き残りを懸《か》けて、開拓農民＝武家はいち早く、多くの子女のなかから、器量に優《すぐ》れた男子に、全財産を与えるように相続方法を改めた。

ここで、新たな問題が浮上する。その、一番器量のいい息子を、そもそも誰が選ぶのか、ということであった。通常、父親が選ぶわけだが、そこは当然、父親の好みが出る。客観的能力の高い息子ではなく、相性のあう息子を選ぶ父親もいたはずだ。

室町幕府を開く足利尊氏《あしかがたかうじ》の先祖、八代前の義国《よしくに》——すなわち、源氏の棟梁・八幡太郎義家《よしいえ》の二男（別に長子ともいう）——に二人の男子があった。先妻の子を義重《よししげ》、後妻の子を義康《よしやす》といった。

下野《しもつけ》の足利庄に住みつき、足利式部大輔と称した義国は、世の常の凡夫にひとしく、先妻の子・義重ではなく後妻の子・義康を寵愛した。

父と長男の確執は、昔も今も変わらない。

まして優れた長男ほど、えてして父には反抗的になるもののようだ。

義重は突如として家を出ると、亡母の父・藤原上野介敦基《あつもと》の遺領、上州《じょうしゅう》新田《にった》郡由良《ゆら》郷内別所に居を構えた。そして「足利」を称さずに新田太郎、あるいは新田冠者と名乗り、大炊助《おおいのすけ》や左衛門尉《さえもんのじょう》を歴任。また、郡司職を獲得して荒野の開発をすすめ、灌漑《かんがい》用水の設備を整えて、新田郡内に広大な田地を切り拓く。

他方、兄の家出で結果として「足利」の家督を継いだ義康も、農耕に比較的に恵まれた足利庄を領有し、鳥羽上皇の北面武士をつとめ、蔵人《くろうど》、右衛門尉《うえもんのじょう》、検非違使《けびいし》に任ぜられた。加えて、源頼朝の生母である熱田の大宮司《だいぐうじ》・藤原季範《すえのり》の娘――その兄・範忠《のりただ》の娘を娶《めと》った。つまり、頼朝の姪《めい》を妻としたことになる。結果、足利家は新田家に比べ、栄えることとなった。

さらには、己れの才覚で家産を殖やし、その勢力を増した新田義重だったが、彼は重大な局面で政治上の判断を誤り、その後の新田家没落の原因をつくってしまう。

陽当たりのよい足利家はますます栄えて一門も広大となり、分家や一族の領地も全国に広がり、それと比例するように、源氏の嫡流に次ぐ「家柄」も喧伝《けんでん》された。

一方の新田家は、鎌倉中期以降、数ある御家人のなかに埋没してしまう。零落《れいらく》といっていい。この両家の差が遠因となって、足利尊氏と新田義貞《よしさだ》の南北朝における争い、その明暗を分けることになる。

女性の災難、最悪の「辻取婚《つじとりこん》」

どういうわけか日本では、父親と長男の相剋《そうこく》が史上少なくない。父親にすれば幼少の子の方が、一人前の口をきく成人した年長の子よりも、かわいいのであろう。

だが、仮に能力で客観的に後継を選んだとしても、兄弟全員の納得を得るのは難しかった。そのため、相続から外された兄弟との間に抗争が持ちあがり、これによって衰亡した一族も中世、決して少なくなかった。

「これではいかぬ——」

と、誰もが納得する方法として、嗣男（正室の長男）にすべてを与えることが流行し、やがて戦国乱世のあと、徳川幕藩体制下でようやく定着した。

この方法なら器量で揉《も》めることはなく、次男・三男以下はわが身の、生まれ順の不運とあきらめもつく。だが、この制度への移行の過程で、とりわけ損をしたのが女性であった。このことを史学は、あまり発言していない。

女性にも権利のあった財産の分与が、徐々に否定されるようになり、財産を失った女性は、少しずつ家の所有、家長の所有とみなされるようになる。そうなれば、「お前は、何処《どこ》そこへ嫁げ――」と、一方的に命じる父や兄が出てもおかしくはなかった。これが、「嫁入婚」である。

戦国時代を経て、江戸時代に入ると、農家の女性は、田畑を持つ権利を完全に失ってしまう。残されたのは、「動産」のみ。女性の嫁入道具などは、夫が無断で質入れすることはできず、やれば女性の側から夫を離婚する理由となった。

「ヨーロッパでは財産は夫婦の間で共有である。日本では各人が自分の分を保有している。時には妻が夫に高利で貸付ける」（岡田章雄訳注『ヨーロッパ文化と日本文化』）

というルイス・フロイスの証言は、誤解ではなかったようだ（詳しくは後述）。

とくに武家の女性は、化粧田《けしようでん》（持参田畑）や敷金（敷銀・敷銭とも・持参金）をもって嫁入りしたわけで、これらはことごとく女性のもので、彼女が死去すると、その実家の総領に返されるのが通例であった。これを「一期分《いちご》」という。

しかし、生きている間は妻の自由であり、夫が利息を払って借りることも珍しくなかった。

蛇足ながら、日本の「婿取婚」から「嫁入婚」へ移る過渡期に、とんでもない結婚風習が出現した。江戸時代の、〝神隠し〟の源流ではあるまいか。

「辻取婚《つじとりこん》」

という。

すでに鎌倉幕府による禁令が出されているから、ルーツは意外と古いように思われる。「辻」（人通りのある道の十字路・異空域）＝往来で女性を捕らえ、そのまま拉致《らち》監禁して、己れの郷里、わが家に連れて帰って嫁にするという、とんでもない犯罪行為が、全国的に頻繁に行われていた。

いまなら人さらい、勾引《かどわかし》は天下の大罪だが、鎌倉幕府はどういうわけか鷹揚《おうよう》にかまえ、御家人がこれを行っても百日間の出勤停止ですませ、武士の従者、小者がやった場合でも、鬢《びん》の片方だけを剃《そ》り落として、犯罪者であることを外見上、明白にしただけで許された。僧侶が行えば、情状酌量で不問ということもあったようだ。

中世において、「辻」というのは神仏の住まう所と考えられていた。神社仏閣と同様に神霊仏力あらたかな場所であり、日常の生活空間とは切りはなされて考えられていた。川の洲も同じで、こうした異空間の区域に、最初は〝市〟が立った。

神社仏閣で男女のことが寛容に扱われたように、辻にもそうした魔力がある、との認識と解釈が中世の人々の中にはあったようだ。

この時代の借銭・借米の証文の中に、債務者がもし返済できなかったならば、市・路・辻のどこで捕らえられても文句はいいません、という文面があった。

本来は、異空間の一つであった辻・市は、日常生活を営む場所ではなかったのだろう。普段は、例外の場所であったことは間違いない。さて、辻取である。

「物くさ太郎」の辻取婚

女捕り、勾引《こういん》……どう呼称しても許されない犯罪だが、中世ではこの犯罪に対して、どういうわけか社会全体が、きわめて寛容であった。

なぜで、あったのだろうか。おそらく地方には、とりわけ開拓村には女性が少なかったことが考えられる。だからといって、力ずくというのは……。

鎌倉時代以降には、人買いの商人というのが歴史に登場した。無論、法的（建前）には人身売買は否定されている。が、禁令がくり返し出されているということは、謡曲や山椒大夫の悲話を待つまでもなく、それ以前の平安時代にも、人買いは存在したに違いない。地頭が身代《みのしろ》にとった女性を、売り飛ばした文書も現存していた。

子供を売るという行為がなされたとき、売られていくのは多くが女の子であった。鄭舜功《ていしゅんこう》（中国明代後期の探検家）は、日本では女の数が男より多い、と証言している。なぜならば、一夫多妻制があるからだ、と彼は述べている。邪馬台国以来の誤解が、中国ではまだつづいていたようだ。

女性の略奪、拉致、監禁による結婚＝「辻取婚」ですぐさま思い浮かぶのが、御伽《おとぎ》草子《ぞうし》の「物くさ太郎」である。

信濃国筑摩《つかま》（のち筑摩《ちくま》）郡《ごおり》（現・長野県松本市）に、「物くさ太郎ひぢかす」という不思議な男が住んでいた。息をして食事をする以外、何もしたくない、という人物である。

物語の筋は少し飛ばして、この物くさ太郎がある年、京の都で夫役《ぶやく》（公用のための労働）をつとめることがあり、しかたなく都へ出て、働いたことから話を進めたい。

三ヵ月の約束を七ヵ月もこき使われ、ようやく解放されてのその帰り、「都へ上《のぼ》りたらん時は、よき女房に逢《あ》ひ、つれて下《くだ》れなんどといひしに、ひとり下らんこと、あまりにさびしからん」（岩波文庫）

と、宿の亭主に「嫁をもらいたいのだが」と相談を持ちかけた。

「色好み」（ここでは、玄人《くろうと》の女性、遊女に会うこと）を提案されるが、「物くさ太郎」には先立つものがない。先に白拍子についてふれたが、『尊卑分脈』（諸氏の系図を編纂した書物）は鎌倉時代のつぎ、南北朝の頃にその原型ができたといわれているのだが、これなどを見てもそれ以前、玄人の女性＝遊女は決して卑しい身分の人々ではなかった。

公家も武家も、母を遊女と明記している人は少なくなかったのである。

芸能はそれなりの社会的地位を持ち、鎌倉幕府には里見義成《さとみよしなり》を「遊女別当」の職に任じた記録があるし、少しくだっても建久四年（一一九三）の時点で、「傾城座《けいせいざ》」という遊女の座は存在した。久我《こが》家が元締め＝本所となっていた、と『吾妻鏡』にはあった。

それがいつしか、異空間の辻に遊女が立つようになる。正しくは「辻子君《ずしぎみ》」と称した。一人の供もつれずに辻に立つ遊女は「立君《たちぎみ》」といわれ、やがて遊郭ができて、遊女は家の中に入るようになる（終章参照）。

「物くさ太郎」の世界では、まだ遊女は辻に立っていたように思われる。

いずれにせよ、金のない「物くさ太郎」である。この男の「たくらだ」（愚か、まぬけ、馬鹿の意）にあきれた亭主は、あろうことか、

「其儀《そのぎ》ならば、辻取《つじとり》をせよ」

といい出した。

「――辻取とは、男もつれず、輿車《こしくるま》にも乗らぬ女房の、みめよき、わが目にかかるを取る事、天下《てんか》の御ゆるしにて有るなり」

宿の亭主は、「辻子君」を想定していたのであろうか。

あるいは、物くさ太郎をからかったのかもしれない。亭主や男をつれず、輿や車にも乗らぬ程度の身分の女性で、器量の良いのが見つかったら、それを奪い取るのは天下ご免だ、といったのだから、とんでもない話である。

もちろん辻取は、『沙汰未練書』（鎌倉時代の武家の法律書・「訴訟沙汰に不慣れな者の為の書」との意）では、大犯三箇条の犯罪とならんで、検断沙汰の対象となる犯罪であったが、神社の拝殿などと同様に、特異性の強い〝辻〟で、しかも相手が遊女（売笑婦）ならば許される、との思いが、この頃の社会にはあったのかもしれない。

物くさ太郎も、「そういうものか」とこの話を信じた。その証拠に、彼はコソコソしていない。あえて人通りの多い清水寺へ出かけ、大門に立ちつくしている。

旧暦十一月十八日は、とにかく寒かった。彼はこのとき、麻のかたびら（単《ひとえ》の衣）に縄帯をしめて、半かけの草履をはき、寒さにふるえながら水鼻をすすっていた。

当然、往来の人々は気持ち悪がって、物くさ太郎をさけて通る。そこへ、若くて美しい女が通りかかった。それも、同じように美しい侍女を一人つれただけで。

女性の天国と地獄

さて、物くさ太郎はどうしたか。さっそく、

「爰《ここ》にこそわが北《きた》の方《かた》（妻）は出《い》で来ぬれ、あつぱれとく近づけかし、抱《いだ》きつかん口を吸《す》はばやと思ひて、手ぐすねをひき、大手《おほで》をひろげて待ち居《ゐ》たり」

と、突然、抱きついていき、口を吸おうとした。

先方の異様さに気付いた彼女は、必死に道をよけたが、物くさ太郎はあきらめない。追いすがって、女性を捕らえた。今日なら婦女暴行の現行犯だが、中世の往来の人々はなぜか、見て見ぬふりをして、誰も彼女を助けようとはしなかった。

物くさ太郎はとうとう、この女房＝侍従《じじゅう》の局《つぼね》という宮仕えの女性をかっさらって、わが妻にしてしまう。もっとも、そこは罪のない御伽草子である。

物くさ太郎は実は、仁明《にんみょう》天皇（第五十四代）の第二皇子〝二位の中将〟が信濃へ流されたおりにできた子であることが、やがて判明（もちろん、作り話）。

そして、信濃と甲斐（現・山梨県）の二国の領主となる。めでたしめでたし——結

果として、侍従の局は玉輿《たまのこし》に乗り、救われたわけだ。

だが、現実はそううまくはいかなかったであろう。アンハッピーも、当然あった。前に〝一夜妻〟が神の妻となる一方で、鬼などの生贄《いけにえ》とされていることはふれた。

辻婚と同様の「かつぐ」＝婦女誘拐も、中世から近世にかけて、決して少なくなかった。時代は少し下って、江戸時代の中後期の漢詩人であり、狂歌・洒落本《しゃれぼん》・黄表紙の作者でもあった大田南畝《おおたなんぽ》という江戸牛込生まれの、幕府の徒士《かち》（下級武士の一《いっ》・徒歩で将軍家の警護にあたる）がいた。彼の著した『半日閑話《はんにちかんわ》』には、江戸時代にいたってもやまない婦女誘拐、婦女暴行事件が記されていた。

たとえば赤坂の油揚屋の女房、足の不自由な乞食《こつじき》にはほどこしを与えたが、五体満足な乞食には、盗人たけだけしい、と一文もめぐんでやらなかった。

そのことを恨んだ乞食たちが、堀の内のお祖師様へ日参りしていた女房を、徒党を組んで三十人ばかりで、山へかつぎあげ、よってたかって手ごめにした。息も絶え絶えの女房は、どうにか生命《いのち》あって発見されたが、その後、乞食たちは店先に来ては、「ここの店の女房は、おれの女房だ」と笑いながら、嫌がらせを行ったという。

人さらいは、江戸時代にあっても、決してあとを絶たなかった。ついでながら、乱婚にせよ強姦によってにしても、乱暴な行為で子供が生まれた場合、子供はどうなったか。私生児と一般には今もいうが、日本の場合は昭和にむかうほど、私生児に冷たくなった。が、〝よばいご〟〝うきよご〟などと呼ばれた彼らは、中世の貴族社会や村落においては、ほぼ問題はなかった、といってよい。

女性の財産相続権が確立されていたからであり、〝よばい〟では子を産んだ女性が、父親を決めることができたからだ。

それが江戸時代になると、不幸にして生まれてきた子供たちは、中絶を余儀なくされるか、里子に出されるか、いずれにしても母親と切り離されることが多くなった。

徳川家康の出現、幕藩体制の成立によって、女性の財産相続権がなくなり、それに応じて女性＝母親の発言力が低下したからである。

不幸にして子供を身籠《みごも》れば、産婦人科・中条《ちゆうじよう》流の世話にならなければならなかったが、これがまた生命懸《いのちが》けであった。なにしろ、医者のレベルがきわめて低かったからだ。医学の進歩とは関係なく、日本では代々宮廷の薬師《くすし》である、との家系を除いて、ロクな医者が巷《ちまた》にはいなかった。

応仁の乱を挟んで、乱世が日常化した室町時代の後半、合戦に出るのが男子の本懐であり、生きがいであったにもかかわらず、それを拒絶した臆病者、虚弱者——どうにも使いものにならない兵役免除者が、医者になった、と時代考証家の稲垣史生《いながきしせい》はいっていた。

どの野草がどのような病気や傷に効くのか、をまじめに研究した本草学者を除いて、なるほど戦国時代、いかがわしい医者は多かった。その実態は、腫《は》れものや虫されの治療が関の山で、しっぷ薬をぬったり、お灸《きゅう》をすえたりするのが、その治療法の大半であったといってよい。とても出産・堕胎《だたい》（妊娠中絶）の手術など、できるはずもなかった。

経験豊かな産婆（助産婦）の方が、よほど安心であった。が、彼女たちは〝取り上げ婆《ばば》〟と呼ばれるように、出産のプロだが、堕胎は専門外であった。専門は中条流が有名であったが……。

なにしろ江戸時代もそうだが、明治に入るまで、日本には今日の医師の国家試験に相当するものがなかったのである。言い替えれば、誰でも医者になろうと思えばなれたわけだ。生活が成り立ったか否か、患者がついたかどうか、が医者の存廃を決めた。そのため、行商の薬種屋や蝦蟇《がま》の油売り、諸国巡業の巫女や神仏の札売り、酷いところでは〝気合い〟で治すという修験者《しゆげんじや》まで、とんでもない医者が次々と誕生した。

産婦人科・中条流の流行

医術の分科は一応、南北朝時代にみられたが、多くの場合、医者は〝医の根幹〟と称された内臓疾患＝本道《ほんどう》（内科）をはじめ、その幹から出た分科・身体外部の創傷＝外科、部分としての眼科、耳鼻咽喉科、産婦人科など、すべてを兼ねて診察した。

この日本の〝医術〟が、国際的にみて多少なりとも進歩を遂げるのは、応仁の乱以降の戦国時代に入ってからのこと。「金創医《きんそうい》」という、刀槍や鉄砲による傷を診る専門医師が誕生したことが要因であった。

まず、負傷者の止血を行ったが、矢傷は灸をするなり、焼酎で傷口を洗ったようだ。そのあとの看病では、痛さにたえかねる患者に、なぜか葦毛の馬の糞を水にといて、それを煎立てたものを飲ませた。これは『甲陽軍鑑《こうようぐんかん》』にも出ている話で、おそらく戦場体験と呪術・迷信が入りまじってのことであったろう。

次に消毒薬＝どくだみ草などで、傷口を塞《ふさ》ぐ。傷口がざっくり開いて、脳や腸が外へ出ているときは、乱暴にもそのまま中へ押し込み、再び外へ出ないように皮膚《ひふ》を縫いあわせた。無論、麻酔などない。消毒の意味は解っていても、黴菌《ばいきん》の本当の恐ろしさには思いいたっていないのが、当時の日本人であった。

「キウキウ、ツウカウ、ランナウラリソコハカ」

などと、独自の手術呪文を唱えたというが、さて、これにどれほどの効果があったろうか（稲垣史生著『時代考証事典』第一集）。

呪文によって暗示をかけ、効果をねらったと考えられなくもないが。矢や鉄砲玉の傷は、傷口を消毒してから焼き、癒薬《いえぐすり》を飲ませた。

このいい加減な金創医から、実は産婦人科が分科している。

「男は精を、女は経水《けいすい》（月経）などの血を主としている」

との学説（？）により、血を扱う金創医が産婦人科を兼ねたわけだ。

独自の始祖といえば、中条帯刀《ちゅうじょうたてわき》、吉益半笑斎《よしますはんしょうさい》の名が有名だが、とりわけ前者は豊臣秀吉の家臣であり、大いに権勢を誇った。中条流と称せられた産婦人科の医術は、難産に強いとされ、飲み薬やぬり薬に工夫を凝《こ》らした、とも伝えられている。

そのせいかどうか、江戸時代にも生きのびたこの流派は、元禄《げんろく》時代（一六八八〜一七〇三）ともなると、産婦人科の代名詞、別名に呼ばれるまでになった。

が、この名誉の陰には、不義の子をおろす堕胎医＝中条流との認識が、天下に定着していたことも、見逃してはならない。

――くり返すようだが、誰でも産婦人科医になれたのである。

そのため江戸市内には、実にいがかわしい医者が、表沙汰にできない女性の弱い立場を知ったうえで、法外な入院費、治療費を要求することもあり、腕が未熟ゆえに子供も母胎も損ない、死んでしまうことは決して珍しいことではなかった。堕胎も、女性にとっては生命懸けであったのだ。

なぜ、とくに元禄時代に、中条流が流行したのか――やはり幕藩体制が確立し、士農工商の身分制度が定着したにもかかわらず、この頃、最下位の商人の力は大きくなり、最上位の武士を凌《しの》いでの下剋上が行われていた。

そのため動揺した武士層は、精神的な救いを求めたが、武士の本分を正すような合戦は起こるはずもなく、学問や武術の世界に没頭できない人々は、勢い、男女の色恋にのめり込むこととなった。

われわれは、中条流の医者に堕胎を願い出た、戦国・江戸の女たちを笑うことはできない。〝昭和元禄〟と称せられた時代が、三、四十年前にもあったのだから。

ザビエルとフロイスの日本人観察眼

先にみた御伽草子の時代と、実はヨーロッパの「大航海時代」は重なっていた。日本の室町時代、まずやって来たのは、南蛮人――ポルトガル人であった。

『鉄砲記』に拠れば、天文十二年八月二十五日（西暦一五四三年九月二十三日）、すなわち鉄砲の日本伝来である（異説もあるが）。種子島に鉄砲をもたらしたポルトガル人は、次いで宣教師フランシスコ・ザビエルを送り込んできた。

彼はフランスとスペインの国境に挟まれた、ナバラ国の人。パリ大学に学び、講師となってイエズス会の結成に参画した。西暦一五三七年のことである。三年後、ローマ法皇によって認められたイエズス会は、ポルトガル国王の保護を受け、アフリカ回りでインド、マラッカ、香料諸島（モルッカ諸島）へと布教に乗り出す。

ザビエルはその途中、偶然、薩摩《さつま》（現・鹿児島県）出身の日本人ヤジロウを知り、日本への興味をもつとともに、彼とその従者にポルトガル語とキリスト教を教えて、満を持して自ら日本へ向かう。

薩摩に着いたのが、天文十八年（一五四九）。日本人の第一印象をザビエルは、次のようにヨーロッパへ書き送っている。

まず第一に、私たちが今まで接触して識《し》ることのできた限りにおいては、この国民は、私が遭遇した国民の中では、もっとも傑出している。私には、どの不信者（非キリスト教徒）国民も、日本人より優《すぐ》れている者は無いと考えられる。日本人は総体的に良い素質を有し、悪意がなく、交って頗《すこぶ》る感じがよい。彼らの名誉心は、特別に強烈で、彼らにとっては名誉がすべてである（アルペ―神父・井上郁二訳『聖フランシスコ・デ・ザビエル書翰抄』より）。

ザビエルは行く先々で伝道するのではなく、日本の国王に会ってキリスト教伝道の許可を獲得しようとした。なにごとによらず、トップダウン方式の、日本伝統の社会構造を、彼は実によく観察していたといえる。

薩摩の島津貴久《しまづたかひさ》や中国地方の大内義隆《おおうちよしたか》など守護、領主層の幾人かには会えたものの、ザビエルにとって不幸であったのは、この時期が応仁の乱を挟んでのちの、戦国乱世の真っ只中にあったことである。

結局、京都まで足を運んだものの、彼はときの後奈良《ごなら》天皇（第百五代）はいうに及ばず、室町幕府十三代将軍・足利義輝《よしてる》にも会うことができぬまま、二ヵ年半の日本滞在ののち、インドのゴアに戻った。

この時、拠点としたのが聖パウロ学院であり、ここには若い修練士のルイス・フロイスもいた。フロイスはポルトガルのリスボンに生まれ、このとき、二十歳。彼はザビエルから直接、日本のことを聞き、大いに感性を刺激されたという（フロイスの来日は永禄五年＝一五六一年のこと）。驚いたことにこの当時、聖パウロ学院には、従者二人をつれた日本の武士も学んでいたようだ。

ザビエルは日本への布教を後まわしにして、中国へ伝道にむかう方針に変更したのだが、マカオの南にあるサンショアン島で病を発し、ここに客死してしまう。西暦一五五二年、彼は四十六歳であった。

二人目の司祭として来日したのは、ポルトガル人のガスパル・ヴィレラ。そして彼が京都に赴いた六年後の永禄八年（一五六五）、ルイス・フロイスが同地にやってきた。

ザビエルの日本上陸から、フロイスの登場を経て、寛永十四年（一六三七）の天草・島原の乱を経由し、徳川幕府のキリスト教弾圧まで約八十年。後半四十年は、禁教弾圧の歴史であり、布教の黄金時代は前半の四十年ということになる。

その前年をリードしたのが、フロイスであった。目的であった室町幕府十三代将軍・足利義輝への拝謁が、義輝の暗殺によって実現せず、先輩のヴィレラが失意のまま九州へ去り、しばらくしてインドへ戻ってしまう状況の中で、フロイスは布教を後継したことになる。途方にくれていた彼を救ったのが、織田信長《おだのぶなが》であった。

フロイスは、新しもの好きの信長に気に入られ、布教を大いに拡大したが、彼の功績の中でも、とりわけ日本人を知ろうとした研究は、後世のわれわれにとっても、実に得難いものであった。著作の『日本史』、慶長八年（一六〇三）に完成した『日葡辞書』の編纂、そして、すでに引いた『ヨーロッパ文化と日本文化』（岩波文庫）＝『日欧文化比較』（『大航海時代叢書』所収）。

なかでも『ヨーロッパ文化と日本文化』は、フロイスが三十五年間の日本滞在で知り得た、日本人の習慣とヨーロッパ人のそれとを、項目別に比較して書きあげた貴重な文化史であった。

その第二章に、「女性とその風貌、風習について」という項目がある。

宣教師を驚嘆させた戦国女性

――内容は、今日の日本人が読めば、開いた口がふさがらない、驚異的なものであった。もっとも、ここまで読み進めてこられた読者諸氏には、別段、驚くほどのものではないかもしれない。その冒頭は、次のような記述ではじまっていた。

「ヨーロッパでは未婚の女性の最高の栄誉と貴さは、貞操（正しいみさお）であり、またその純潔が犯されない貞潔《ていけつ》さ（正しくていさぎよい）である」

フロイスはそういい、これに比較すれば、と、

「日本の女性は処女の純潔を少しも重んじない。それを欠いても、名誉も失わなければ、結婚もできる」

と、憤慨と戸惑い、驚きを込めて、書き綴《つづ》っていた。

「純潔」とは汚れなく清らかなこと、心の潔白なこと、性的経験がないこと。

冒頭にこの比較をもってきたことで、彼が日本女性の印象で、何を一番に特性としたか、明らかであろう。性の規範であった。

当初、学生時代にこれを読んだ筆者は、フロイスが日本女性を目の敵《かたき》にしているのではないか、と思った。カトリックの教会が離婚を認めていないのに、日本では離婚が頻繁であり、ときに「妻が夫を離別する」ことすらある戦国の現実が、嘆かわしくてたまらなかったから、彼は日本女性への点数を辛くしたのではないか、と疑った。

「ヨーロッパでは、妻を離別することは、罪悪である上に、最大の不名誉である。日本では意のままに幾人でも離別する。妻はそのことによって、名誉も失わないし、また結婚もできる」

「(ヨーロッパでは) 汚れた天性に従って、夫が妻を離別するのが普通である。日本では、しばしば妻が夫を離別する」

確かに、日本女性の再婚は、フロイスを苦悩の底に叩き込んだ。なぜならば、もしも教会が離婚をヨーロッパなみに厳格に禁止すれば、日本では男性はもとより、キリスト教の女性信者が皆無、集まらないことが、ほどなく知れたからである。

現にフロイスと同じイエズス会の、巡察師アレッサンドロ・バリニャーニなどは、

「異教徒として再婚した日本人信者に、第二の婚姻は無効で、最初の婚姻関係に戻らなければならない、といえば、信者に悪感情を抱かせ、信仰を捨てさせることになる」

と教義の実行を控えるよう、教会内で提言するほどであった。

だが、どうもカトリックの〝感情〟、キリスト教の事情だけではなさそうであることは、歴史を学び、追々に知れた。

たとえば、『ヨーロッパ文化と日本文化』の次のくだりを、同じ日本人である後世のわれわれが読んだとき、どのような感慨を読者諸氏は持たれるだろうか。

「ヨーロッパでは娘や処女を閉じ込めておくことはきわめて大事なことで、厳格におこなわれる。日本では娘たちは両親にことわりもしないで一日でも幾日でも、ひとりで好きな所へ出掛ける」

「ヨーロッパでは妻は夫の許可がなくては、家から外へ出ない。日本の女性は夫に知らせず、好きな所に行く自由をも持っている」

「ヨーロッパでは、生まれる児を堕胎することはあるにはあるが、滅多にない。日本では（堕胎は）きわめて普通のことで、二十回も堕ろした女性があるほどである」

「ヨーロッパでは嬰児《えいじ》（乳のみご）が生まれてから殺されるということは滅多に、というよりほとんどまったくない。日本の女性は、（赤子を）育てていくことができないと思うと、みんな喉《のど》の上に足をのせて殺してしまう」

これらはフロイスないしはイエズス会の偏見、日本の神仏に対する敵愾心《てきがいしん》からの思い込み――いくらなんでも、これは……、まさかこれほど……。

ところが、スペイン人神父ディエゴ・コリャード（一五八九?～一六四一）――彼はドミニコ会士――が、元和五年から同八年（一六一九～二二）に日本で布教した体験をもとに、のちにローマで刊行された『懺悔録《ざんげろく》』（大塚光信校注・岩波文庫）などを読んでみると、当時の日本人女性は、信じられないほど〝性〟に関するモラルをもちあわせていなかったことが、改めて思い知らされる。たとえば、次のくだり――。

弟子　また、我《わ》が夫《おっと》は意地の悪い者なれば、（私は）自《みずか》らを打っつ扣《たた》いつせらるるによって、その子を儲《もう》けぬ為に、身持ち（妊娠）になってから腹を捻《ねじ》って、その子を堕《お》ろしまら《ママ》した。
弟子　そのほか、我《われ》ら貧人至極《ひんにんしごく》でござれば、子六人を持ちまらした。それを育つる様《よう》もござらいで、懐胎《かいたい》（身ごもること）になるまい為に、からくり（いろいろと工夫）も致しまらする。一度《ど》も懐妊になってから、薬を用いて六月《むつき》の子を堕ろし、一度《ど》また産《さん》の時分に子を踏み殺いて、腹中《ふくちゅう》から死んで生まれたと申しまらしてござる。

右の「弟子」は、日本人の女性キリシタン信者のことである。文章表現があまりに生々しいが、当時の日本人が胎児の堕胎（妊娠中絶）について、何の罪悪感も持っていないことは知れよう。

〝よばい〟と参籠《さんろう》

もとよりこの残忍さは、すでに見てきた日本中世の〝心象《しんしょう》〟を理解できないと、とんでもなく残酷なものに映ってしまう。

当時、戦国日本では子供はなかなか育たず、幼児死亡率がきわめて高かった。そのため、子供は神や仏と同様に扱われ、人間とは認識されていなかったのである。

一歳を迎えず死んでしまう子供は多く、育っても三歳、五歳、七歳、地方によっては成人となって、はじめて人間として扱う風習があった。それまでに幼少で死亡した子供は、神仏であり、人間ではない、と思い定めなければならないほど、当時の医学は無力であった。結果として、生まれてくる生命《いのち》に対する心構え、認識が、中世と後世では大いに異なっていたわけだ。

無論、心のあり方を縛る道徳律も、この頃にはなかった。武家の女子を縛り、ひいては日本女性に強要された封建的なモラルは、徳川幕府が誕生してからのことであり、まだ戦国の世では存在していなかったのである。

ちなみに、文中の「薬を用いて」とあるのが、中条流であろう。

『懺悔録』を読んでいると、多くの男性と関係をもっている女性の方が、きわめて自然な生き方をしている、とすら思えてくるほどであった。また、この現象にはこれまで見てきた〝よばい〟の伝統が、一方で根強く生き残っていたことにも、多大な原因があったように思われる。

加えて、大きな要因となったのは、神社・仏閣にかかわる習俗であった。第一章でみた、「小林《をばやし》にわれを引入《ひきいれ》て奸《せ》し人の 面《おもて》も知らず家《いへ》も知らずも」で、ある。

起源は、古代の儀礼「歌垣《うたがき》」であったろう。男女が集団で歌舞して豊作を祈った儀式で、歌を掛け合うの意から「嬥歌《かがい》」とも称した。本来は農耕のための儀礼であったが、古代は歌舞からフリーセックスへ移るのが自然で、民間の求婚儀礼や朝廷での風流事にまで、「歌垣」は幅広く影響を与えている。

この大衆的な集いに、いつしか神社仏閣への参籠＝〝お籠《こもり》〟も含まれるようになった。先のフロイスのいう、家人にことわりなく旅行する日本女性とイメージがつながったとき、筆者は卒然と、背中に粟立つ思いがしたものだ。

神前や仏前に参籠し、何ごとかを祈願する場合、何日間も老若男女は寝泊まりをするわけだが、中世ではことごとくが男女混合での、本殿でのゴロ寝が実態であった。

多くの絵巻物は明るく、その場所を描いているが、実際は真っ暗に近い状態であったはずだ。太く長い丸太木を置いて、それを枕にした絵巻物を、以前に見たことがある。そうした闇夜に、何が起こり得るのか。ここで念頭に置かなければならないのは、こうした神社仏閣は、神聖な領域＝すなわち、世俗の縁が切れた空間と解釈されていた点である。

武士社会の約束事も、村落の掟《おきて》も、夫婦の絆《きずな》さえも、何もかもすべてが消えうせてしまう異空域に、見ず知らずの男女が何日間か、寝起きを共にしていたわけだ。

以前に読んだ奈良の春日《かすが》大社の古文書では、社参の女人に対して、密通（ひそかに通じ合うこと・男女がひそかに関係を結ぶこと）や妄執《もうしゅう》（無分別な執心・迷った執念）を発してはならない、との神官の誓いの言葉が述べられていた。おそらく、そうした〝事件〟が度々、中世ではくり広げられていたのではあるまいか。

「男女雑居すべからざること」などと規定している、石清水《いわしみず》八幡宮に対する後宇多《ごうだ》天皇（第九十一代）の宣旨、禁令などを読んでいると、逆にいかに男女の雑居が問題を起こしていたか、がかえって明らかとなる。

考えてみれば、長い間、子供の授からなかった夫婦が、参籠することで子供を授けられた御伽話は少なくない。これをどう理解するか、であろう。

同様に神社仏閣へ詣でるため、若い女がひとり、あるいは二、三人で長旅をするということも、中世では一般に行われていた。『石山寺縁起絵巻《いしやまでらえんぎえまき》』などをみても、市女《いちめ》笠《がさ》で顔を隠し、「壺装束《つぼしょうぞく》」といわれる当時のファッションに身を包んで、草鞋《そうあい》（わらぐつ）を履いて旅をしている女性の姿が、多数描かれている。

この場合、彼女たちは日々の食糧も通貨も、皆目、持っている様子がなかった。旅装はきわめて身軽であり、ほとんど手ぶらといってよい。では、彼女たちはどうやって日々の糧を得て、一、二ヵ月の旅をつづけることができたのであろうか。眠る場所は神社仏閣にすがるとして、食べ物をどうやって手に入れたのだろうか。

一つには、農業の労働対価として、食べ物を手に入れたことは考えられる。今風にいえば、短期のアルバイトであり、田植え、稲刈り、綿摘み、なんにでも人的労働力は必要であった。現に、男の旅には農耕を手伝いながら、というのが珍しくなかった。が、若い女性にかぎっては、肉体労働には向いていない。

インモラルな中世女性

機《はた》を織るという作業に、臨時に従事したことは考えられる。物を売る商売を手伝ったこともあったろう。だが、それだけではおそらく、すまなかったに違いない。

一方で、「辻取婚」のような物騒なことが、当たり前のように行われている時代であった。先にみた『ヨーロッパ文化と日本文化』の、両親にことわりなしで外泊する娘、好きな所に行く自由をもつ妻は、この時代のもう片方を代表している、まったく〝性交〟に何らのこだわりをもたない女性たちでもあった。

彼女たちは親や夫にことわりなく、家を空けて旅に出ている。まことに遺憾《いかん》ながら、土地土地の男性との交渉も、旅をつづけるうえでは必要な、ごくごく日常的な労働の一つであったように思われる。

鎌倉時代後期に書かれた、『とはずがたり』の著者（女性）も、宮廷を退いてから長い旅をする中で、私はしていないけれど、と前置きをしつつも、旅先で多くの男性と交渉をもつ女性は、広く一般的にいることを、作中で告白していた。

「ヨーロッパでは親族（の女性）一人が誘拐されても、一門全部が死の危険に身をさらす。日本では父、母、兄弟がそのことを隠し立てして、軽く過ごしてしまう」（『ヨーロッパ文化と日本文化』）

この比較はおそらくこの間の事情を物語っていたに相違ない。中世日本の女性には宣教師がもたらしたキリスト教のような、日常生活のことごとくを縛り、規制することのできる力をもった宗教が、なかったことが何よりも主要な原因と考えられた。日本の戦国女性――広くは中世の女性――には、性にたいするモラルもなければ、悪気も後ろめたさもなく、まったく後悔、道徳への反省心といったものはなかった。

この性に対する彼女らの大らかさは、先にみた堕胎にも影響をあたえた、と筆者は考えている。生活が苦しいから、江戸時代に入っても、農村では密かに生まれつつある子供、あるいは生まれたばかりの子供を殺す、「間引《まび》き」が継続して行われた。

子を堕ろす医者も繁盛している。戦国時代においては前述したように、生まれてきたばかりの子供を、人間と考えない風潮が圧倒的であったのは史実だ。

もしその子が、神仏の領域や結界＝異空域に相等する旅の途中で、男性と交渉をもった結果、生まれてきたものであれば、その子は神仏そのものでもある、と当時の人は解釈したに違いない。ならば善悪は別として、これを「のどに足をかけて殺してしまう」行為も許される、と母となった女性は本気で信じていたのではあるまいか。

もしも幼児を、人間として扱ったとすれば、中世の人々はわが身に祟《たた》ると当然、考えたであろうし、そうなればこのような酷《むご》いことはできるはずもなかったろう。

日本の男女は、この規律なき中世を抜けて、やがて封建道徳の栄える江戸時代に入っていき、神仏を敬い、畏《おそ》れる気持ちを、泰平の時代の中で抱くとともに、徐々に〝不貞〟に罪悪感をもつようになっていく。

では、姦通《かんつう》（男女が道徳に反して、情を通じること）が人の道にそむくことだ、と決めつけられるようになった根源は、そもそも何であったのだろうか。

筆者は男――とくに武士――の意地が原因ではなかったか、と考えてきた。

「妻敵《めがたき》」（妻と通じた男）という言葉を筆者が知ったのは、文明十一年（一四七九）の守護・山名《やまな》氏と赤松《あかまつ》氏の間で起きた抗争事件からであった。山名方の被官が、赤松方の家人を「妻敵」として殺害した。これにより双方が合戦を用意したので、幕府が仲裁に入った。裁いたのは、九代将軍・足利義尚《よしひさ》の奉行人たちであった。判決は、「妻敵」は一般の殺人とは異なり、姦夫姦婦《かんぷかんぷ》は許しがたい裏切り者である。したがって「妻敵」に及んだ山名方の被官は無罪。姦婦は、夫に引き渡されて殺されてしまった。

ここで重要なのは、姦通した男女は、された側の手で私刑にしてよい、ということが規定されてしまった史実であった。この事件は応仁の乱で、双方敵として戦った山名氏と赤松氏が起こしたところが、時代を象徴していたともいえる。

応仁元年（一四六七）五月に起きた、この日本史上空前絶後の内乱は、文明九年（一四七七）十一月にようやく終息した。京都を焼き尽くした十年戦争は、戦闘に役立たない女性の価値をいちじるしく低下させ、改めて改革のはじまった農業の発展＝力仕事＝開墾においても、女性は疎外されることとなる。その証左に、神の妻として敬われていた女性の霊能力は、武士の世となって発達した能の世界では、妖怪の憑《つ》くものに貶《おとし》められていた。蛇に変じて男を取り殺す「道成寺《どうじょうじ》」、人を殺して肉を喰う安達《あだち》ケ原《はら》の鬼女など、女性の地位は目に見えて落下していったのである。

第四章

武士に囲われる女性たち

コロンブスが持ち帰った〝世紀の土産〟

地位と価値が降下する女性に、さらなる追い討ちをかけるように、とんでもないものが静かに、彼女たちの身近に迫っていた。梅毒である。

南蛮人が日本へやって来たのは、ヴェネツィアの商人マルコ・ポーロが、二十五年にわたる海外旅行について纏《まと》めた、『東方見聞録』に触発されるところが大きかった。中国の沖合にジパングと称する国があり、その国には黄金がふんだんに産出するが、国王はその金を国外に持ち出すことを禁じている。そのため、国中は黄金で溢《あふ》れ、宮殿の屋根も金で葺《ふ》かれる有様。ほかに真珠も豊富である——云々。

——たとえば、コロンブスである。

スペインに現存する『東方見聞録』の「ジパング」の箇所には、コロンブス自身による書き込みやアンダーラインがいくつも引かれてあり、彼はジパングを発見するつもりで航海に出たところ、アメリカ大陸に行き着いてしまったというのだ。

ジパングはそもそも、中国語のジ・パン・クォ（日本国）が訛《なま》った語といわれている。いずれにせよ、日本は中世のヨーロッパにおいては〝黄金の国〟として認識され、それがそのまま「大航海時代」へと受け継がれた。

「大航海時代」の起点となったイベリア半島には、ポルトガルとスペインの二ヵ国が存在したが、独立国家としてはやくから纏まったポルトガルは、人口の少なさを外国人雇用によってカバーし、「喜望峰」を発見。ヴァスコ・ダ・ガマ率いるポルトガル艦隊は、ここをまわってインドのカリカットに到着し、アジアの香料を積載してポルトガルへ帰国した。

次いでカブラルの率いた艦隊は、思いがけなく南アメリカの東端に到達し、この地を〝ブラジル〟と命名。ポルトガル人たちはインドに総督府を設置し、マラッカを征服し、香料諸島へ辿《たど》り着《つ》くと、ここで中国や琉球《りゆうきゆう》方面からの貿易商人を知る。ポルトガル人の凄まじさは、明《みん》の密貿易禁止令を承知でこれを掻《か》い潜《くぐ》り、ついには広州沖合の島を独断で占拠。ここを、アジアにおける最前線の基地、と勝手に位置づけたところにも如実であった。「マカオ」(正しくはマカウ)である。

彼らポルトガル人は、各地で原住民を捕らえては奴隷とし、それを売買する奴隷貿易で儲けながら、次なる目標に黄金の国＝ジパングを置いていた。

一方の、ポルトガルに比べて出遅れたスペインでは、同様にコロンブスら外国人の活躍で、ポルトガルとは逆の西まわりで世界を巡り、西インド諸島からアメリカへの足場を固めた。外国人の多くは、イタリア人であった。

イタリアは長い歳月、幾つもの小国に区分されていたため、単独で世界へ打って出られなかったが、スペインをはじめ大国に雇われて、「大航海時代」の主役をつとめた、ともいえた。

「大航海」は多くの犠牲を払いながらも、着々と世界征覇にむけて歩《ほ》を進めたが、反面、彼ら征服者の残虐非道な所業は、世界各地で数々の陰惨な事態を惹起《じやっき》した。

もともと「大航海」は、隣接するイスラム教徒を殲滅《せんめつ》する戦略構想に端を発し、ついでキリスト教の布教、あわせて貿易による利益の確保を目的とするようになった。

コロンブスが、西インド諸島にいたったおりのこと。現在のハイチ、ドミニカといった島国を、スペイン人たちは勝手にエスパニョーラ島と命名した。ここからヨーロッパへ立ち戻ったコロンブスたちだったが、彼らは故国に持ち帰ってはいけない〝世紀の土産〞を二つ持って帰ってしまう。煙草《タバコ》と梅毒であった。

煙草はともかく、他方の梅毒は西インド諸島の風土病であったが、免疫のないコロンブス艦隊のスペイン人たちに感染し、猛威をふるうことになる。

「エスパニョーラの侵蝕《しんしょく》（だんだんおかし、損なう）病」

と命名された梅毒は、スペインからフランスとポルトガル、さらにはイタリアへと広がっていった。なぜ、あえてこの項でこのようなことを述べているのかといえば、日本で梅毒の発生した最初が、永正《えいしょう》九年（一五一二）であった、ということをいいたかったからにほかならない。

つまり、ポルトガル人が日本へくる三十年も以前に、西インド諸島を震源地とする厄介《やっかい》な病気は、日本に別ルートで上陸していたのである。これは梅毒が日本では「琉球瘡《かさ》」と呼ばれていたことから考えて、マラッカ辺りまで出かけていた日本の商人や琉球人が、ポルトガル人と接触して、貰《もら》ってきたということになりそうだ。

男色が流行した戦国時代

俗に、「男色は弘法《こうぼう》に始まる」というのがある。

まさか、弘法大師＝空海が日本史上はじめて女性より男性を愛した、などとはいえまいが、遣唐使――なかでも留学生《るがくしょう》――が、それまでの日本になかった独特な風俗を、中国から持ちかえった、との認識は一般化している。空海は残念ながら、その代表とみなされてきたわけだ。

女性との交渉を禁じた、当時の厳格な仏教において、僧侶は己れの体中からあふれる欲望を、「かわるみ」といわれた寵童で処理するようになった。のちの、「寺小姓」である。この風俗は密教が華やかな時代も、鎌倉仏教が栄えても、途絶することなく代々、僧侶の中に受け継がれていった。

戦国時代、大半の武将は学問を寺の僧侶――とりわけ禅僧――について学んだ。今川義元《いまがわよしもと》には太原崇孚《たいげんすうふ》があり、上杉謙信《うえすぎけんしん》には天室光育《てんしつこういく》があり、武田信玄の師としては快川紹喜《かいせんじょうき》の名が知られている。もちろん彼ら戦国大名は、神聖な寺院で漢籍の軍略・兵法を中心に、連歌、和歌などを学んだわけだが、当然のごとくここで男色の存在を知ることになった。

ときは、戦国である。日本では戦場に女性をつれて行かない——このおりの武将の、性的欲求に関する悩みは、僧侶と何ら変わらなかったはずだ。ならば、と前髪をたてた美童を「小姓」として加え、戦《いくさ》の合間にこれを愛撫した。供をする「扈従《こしょう》」がいつしか「小姓」の字に替わったのは、そのことを如実に物語っている。

武田信玄が、武田随一の智将・高坂弾正昌信《こうさかだんじょうまさのぶ》の若い頃——彼にあてたラブレターが東京大学史料編纂所に存在するし、上杉謙信の一方の養子景虎《かげとら》は、関東一の美貌を愛《め》でられての引き立てであったことは間違いない。

現代人の感覚ではいささか理解に苦しむ向きもあろうが、織田信長の小姓・森蘭《もりらん》丸《まる》、部将の前田利家《まえだとしいえ》（のちの加賀百万石の祖となる）までもが、主君信長の相手をつとめていた。

ほかにも、武将の男色について、室町幕府の三代将軍・足利義満《よしみつ》の寵童・世阿弥《ぜあみ》との関係に因縁を求める研究者もいた。あの能面に見られる妖《あや》しい情念の世界、慕情が武士の琴線にふれた、というわけだ。

もっとも、戦国武将の大半は〝両刀遣い〟であり、男色の一方で女性も受け入れ、子も成《な》していた。

一人例外といわれた武将、上杉謙信にも三人の女性が身辺にいた。

一人は上杉家の重臣・直江《なおえ》大和守実綱《さねつな》の娘——姉妹の姉の方で、ちなみに妹の船《せん》は、養子を迎えて直江家を再興している。夫となったのが、名将・直江兼続《かねつぐ》である。

二人目は、関白・近衛前嗣《このえさきつぐ》の妹である絶姫《たえひめ》。そして三人目が、上野国《こうずけ》（現・群馬県）平井城主の千葉采女《うねめ》の娘・伊勢姫《いせひめ》であった。

『越後《えちご》軍記』に拠れば、実綱の娘（姉）は一時期、謙信の身のまわりのすべての世話をしていたようで、謙信の密かな意中の女《ひと》であったという。だが、いつまでたっても正室・側室に迎えられず、その中途半端な状況に耐え切れなくなって、謙信が二十四歳で上洛したおり、密かに上杉家を出奔して、信濃の善光寺《ぜんこうじ》で尼僧になったとか。

二人目の絶姫は、この上洛中、兄の前嗣による招待の能で、「八島《やしま》」に義経役で出演。謙信が一目ぼれしたとかで、交渉があった可能性は十二分にある。ただ謙信は、約束を交わさずに越後（現・新潟県）に帰国してしまったという。どうやら彼の本命は、伊勢姫であったようだ。

謙信が三国峠《みくにとうげ》を越えて関東に出陣したおり、その武威を恐れて、上野国に滞在中の彼のもとへ、関東中の国人たちが人質を送ってきたが、そうした人々の中に、伊勢姫も含まれていたという。謙信二十三歳、伊勢姫十六歳頃に出会い、二人は相思相愛の仲となり、謙信が伊勢姫を妻として迎え入れようとしたところ、

「敵方の娘に心を許し給うてはなりませぬ」

重臣の柿崎和泉守景家《かきざきいずみのかみかげいえ》から、諫《いさ》められたとか。

また、『松隣夜話《しょうりんやわ》』によれば、すでに伊勢姫は謙信の愛を受け入れていたが、柿崎のさしがねで仲を裂かれたため、落胆のあまり青龍寺へ入り、落飾したとも伝えられている。それを知った忠臣・甘糟近江守景持《あまかすおうみのかみかげもち》が、

「男女の仲をそのようなことで裂くことができようか」

と、伊勢姫を還俗《げんぞく》させ、謙信の想いをかなえさせようとしたが、ときすでに遅し。

謙信が青龍寺に迎えにいったときには、伊勢姫は別れを嘆き悲しんで亡くなってい

たという。姫は十九歳であった由。もとより、これらの真偽のほどは不明である。

忠義と恋と戦国の〝いろごのみ〟

おそらく、謙信とて、まったく女性に心引かれぬことはなかったはずだ。

しかし、彼の激しい性格、強烈なまでの信仰心や武将としての厳しい生き方が、容易に女性を近づけえなかった、と考えるのが妥当なところかもしれない。

武士道を説いて有名な『葉隠《はがくれ》』は、江戸時代、天草・島原の乱が終結して七十年以上ののちに成立したものである。時代は泰平のまっただ中であり、戦国の世ではなくなっていた。それでいて語り手の山本常朝《やまもとつねとも》は、武士の情念をくり返し述べている。

「奉公人（家来）は一向に主人を大切に歎《なげ》く（心底から切実に思う）まで也」

常朝によれば、最上の家来とは分別もなく、無芸、無勇で、「何の御用にも立たず」に、「一生朽ち果つる者」であっても、自分こそは、「殿の一人被官也」（たった一人の家来なのだ）と思いこんで、日々の奉公をしている者をいうらしい。

この思いは一面、〝恋愛〟に似ている。常朝自身は、「忍恋《しのぶこい》」という独特の恋を提示した。もともとは、和歌の世界で題詠《だいえい》（ある一定の題によって詩や歌をよむこと）として使われた用語であり、恋を分類した題目の一つにすぎなかった。否、古来、最も深い恋情を表わした単語の一つであった、といえるかもしれない。

「忍恋」は人目を忍ぶ恋、親や世間に認められないがゆえに、心の奥底に秘めた恋――の意味にもちいられることが多かった。そして、認められず、許されることがないからこそ、かえってこの恋情は激しく燃えあがったわけだ。

ところが常朝は、この「忍恋」を武士道に応用した。思いを打ち明けない恋、相手にさとられない「恋」には、男も女もあるまい、と「忍恋」を武士の在るべき姿だと説いたのである。どうも彼のいう武士道には、戦国乱世を生き抜いた〝男色〟の作用も、大いに与《あずか》っているように、筆者には思われてならないのだが――。

男色は戦《いくさ》という異常な状況にこそ、咲きえたあだ花、仏門特有のもの、といわれながら、江戸はおろか明治・大正・昭和を経て、平成の今日に生きつづけている。

蛇足ながら、上杉謙信と並ぶ戦国武将・武田信玄は、当時、〝最強〟といわれた甲州軍団を率いて近隣侵略に活躍したが、一方で彼は男色のみならず、女色も天衣無縫であった。否、中世伝統の〝いろごのみ〟の、正統後継者といえるかもしれない。

史書に明らかなだけでも、正室の三条《さんじよう》夫人のほかに、禰津《ねづ》夫人（禰津元直《もとなお》の娘）、油川《あぶらかわ》夫人（油川信友《のぶとも》の娘）、諏訪《すわ》夫人（諏訪頼重《よりしげ》の娘）の三人の側室があり、生母不詳の六女、七女などがいるところから推察すると、かなりの人数の女性が周囲に侍っていたであろうことは、ほぼ間違いない。

天文《てんぶん》三年（一五三四）、信玄は最初の妻となる川越城（現・埼玉県川越市）の上杉朝興《ともおき》の娘を娶ったが、一年後、彼女は懐妊したものの十一月に亡くなってしまう。

二年後、改めて正室を迎えている。十六歳で迎えた権大納言《ごんだいなごん》（のち左大臣）・三条公頼《きんより》の娘・三条夫人であったが、二人の間に嫡男・義信《よしのぶ》をはじめ、三男三女が生まれている。奔放に女色を求めた信玄も、この三条夫人にだけは終生、気をつかいつづけた。なぜならば、天下覇業を狙った信玄にすれば、妻の父が公卿であり、同じく姉は堺を本拠に畿内を掌握していた室町幕府の実力者・細川晴元《はるもと》の妻、妹が本願寺十一世顕如《けんによ》の妻であってみれば当然のことでもあったろう。

中央政界への工作や大規模な軍事行動には、三条夫人の姉妹二人の血縁関係は大きな武器となっていた。これでは、粗略に扱えるはずもない。

興味深いのは、武田家の家臣の書状を見ていると、三条夫人が女性ながら独自に所領を持っていたと思われることで、『甲陽軍鑑』には彼女付きの武士団三十名があったとされ、夫人は独自の軍団をも持っていたことになる。

戦国時代にはいまだ、女子の財産相続が許されていた証拠といえよう。

ところで、禰津《ねづ》夫人は東信濃《しなの》（現・長野県）の国人・禰津元直の三女で、公卿の娘・三条夫人の堂上風に較べ、多分に世話女房的な女性であったらしい。『高白斎記《こうはくさいき》』に拠《よ》れば、天文十一年（一五四二）十二月十五日夜、二人は祝言したという。

禰津夫人は〝御前様〟と呼ばれ、信玄にすれば多忙な日々にあって、心休まる側室であったに違いない。油川夫人も武田の支族・油川信友の娘で、信玄三十三歳のおりに十七歳で側室となり、およそ十年ばかりの間に、仁科盛信《にしなもりのぶ》・葛山信貞《かつやまのぶさだ》ら五人の子女をもうけている。この二人の夫人は、信玄にとって気のおけない存在であったようだ。逆であったのが、側室・諏訪夫人であろうか。

彼女の産んだ勝頼《かつより》が、二十代で武田家の当主となったことで、正室・三条夫人をしのぐ位置に立ったのはよく知られるところ。正室（嫡妻）は側室（妾妻）に対して、平安時代は人事権をもっていた。気に入らなければクビにできたのだが、武士の時代になるや、その奥の人事権も男が握るようになった。三条夫人と諏訪夫人の間に入って、信玄はさぞや〝いろごのみ〟に苦悩したことであろう。互いに満足させ、仇同士にならないように配慮し、序列をつけるのは、なかなか至難のことであった。

戦国一、哀れな妻妾

ルイス・フロイスの日本女性とヨーロッパ女性の比較をみていると、無制限に近く日本の女性は、自由を謳歌していたように思える。

だが、一方では武士の世となり、女性が男性に囲われる存在となるに及んで、いくつもの悲劇――大半は人質的政略結婚を強《し》いられての、非業の最期を遂げるイメージ――も、歴史に印象強く残った。

織田信長の妹・お市《いち》は、戦国大名・浅井長政《あざいながまさ》に輿入《こしい》れし、兄・信長と対立した長政は殺され、自らは三人の娘をつれて織田家へ戻っている。が、その後、部将・柴田勝家《しばたかついえ》の妻となり、自身は北ノ庄の落城で夫とともに自害。長女の淀殿《よどどの》は大坂落城とともに、この世を去っている。三女のお江与（江《ごう》）は夫を三度替えられ、最後は徳川幕府・二代将軍秀忠《ひでただ》の正室となった。

その義父・徳川家康の正室・築山殿《つきやまどの》は、武田氏との内通を疑われて処刑され、その長男・信康《のぶやす》も自刃。後に家康の正室として入った秀吉の妹・朝日《あさひ》姫は、夫と別れさせられての、無理やりの再婚であった。彼女は四十八歳で人質同然の生活の中、この世を去っている。男の都合で、人生を変えられた女たち――。

ふと思ったのだが、戦国時代を通じて最も哀れな女性は誰であったろうか。奥平《おくだいら》定昌《さだまさ》（のち信昌《のぶまさ》）の、最初の妻・おふうあたりが、候補としてあがりそうだ。

三河《みかわ》国設楽《したら》郡作手《つくで》（現・愛知県新城《しんしろ》市）＝奥三河の一帯に、〝山家三方衆《やまがさんぽうしゅう》〟と呼ばれる豪族三氏が勃興していた。この地域は北に強国・武田氏、中央に今川氏、南に新興の徳川氏と三勢力に挟まれ、その存続は常に不安定であった。

三氏の一・作手城主の奥平貞能《さだよし》とその子・定昌は、当初は〝東海一の太守〟といわれた今川義元に属していたが、織田信長の桶狭間《おけはざま》の戦いで義元が討たれると、遺領を手に入れた徳川家康に靡《なび》き、さらに天正《てんしょう》元年（一五七三）、中原に覇を唱えんと武田信玄が南下を開始するや、慌てふためいて武田氏に帰順した。

だが、信玄は征旅の途次、急逝（享年五十三）。武田家はその死をひた隠しにしたが、奥平父子は真相を知り、またしても本多豊後守広孝《ほんだぶんごのかみひろたか》を仲介にして、再び家康に誼《よしみ》を通じた。

奥平氏の地盤が重要であったためだろう、家康はこの〝返り忠〟をあっさりと許している。ところが、信玄の跡を継いだ勝頼《かつより》は、奥平氏の不穏な動きを速《すみ》やかに察知し、しかるべき人質を甲府の館《やかた》に送るように、と命じた。奥平父子は熟慮の末、まだ十五歳にしかならない定昌の妻おふうと定昌の弟・仙千代を人質に、付き人をつけて送り出した。人質は大切な保証である。奥平父子が武田家を裏切らない限り、彼女たちは大切にされ、丁重な扱いを受けた。

が、武田家に信玄時代の栄光は再び巡ってこない、と信じる奥平父子は、勝頼の油断につけ込み、自分たちの城を焼いて徳川方に走った。武田家からすれば、明らかな謀反《むほん》である。すぐさま人質は引き出され、磔《はりつけ》の刑に処せられた。

幼妻おふうには、大人の世界の政治のかけひきなど、わかろうはずもない。何もわからず、夫や義父からは何一つ説明も聞かされず、彼女はぽつりと、

「とうとう夫は、迎えに来てくれませなんだ」

と呟《つぶや》きながら、十六歳という短い生涯を断たれた。

翌年＝正確には、天正三年四月、武田勝頼は長篠《ながしの》攻めに南下、二万の軍勢で城を囲んだ。このとき、長篠城将をつとめていたのが、おふうの夫、ついに迎えに行かなかった定昌であった。結局、この一戦は織田・徳川連合軍の勝利となり、信玄以来〝無敗〟を誇ってきた武田の騎馬軍団は事実上、潰《つい》え去った。

その後、定昌は家康の長女・亀姫《かめひめ》（母は築山殿）を妻にもらい、信長からは〝信〟の一字をもらって「信昌」と改名することになる。定昌改め信昌はその後も順調に出世し、最終的には美濃《みの》加納十万石の藩主となっている。果たして信昌は、己れの犠牲になった前妻おふうのことを、思い出すことがあったのだろうか。

戦国最強の女城主

では、逆発想で日本の戦国時代、最も強かった女性は誰であったろうか。

より多くの男の首級《みしるし》を取ったということでは、やはり吉岡妙林尼《よしおかみょうりんに》ではなかったか、と筆者は密《ひそ》かに思ってきた。彼女は、九州九ヵ国のうち六ヵ国を打ちしたがえながら、キリシタンに転向し、神社仏閣をむやみやたらと破壊したことから人心を失い、晩年には豊後《ぶんご》一国（現・大分県の一部）を守るのさえあやうくなり、ついには豊臣秀吉に助けを求めることになった、大友宗麟《おおともそうりん》の臣下の妻であった。

落日近い宗麟の支配地に、鶴崎《つるさき》城と呼ばれる小城があった（現・大分市東部）。

天正十四年（一五八六）十一月、この小城に島津勢三千余が侵攻してきた。ときに鶴崎城には、五百にも充たない農兵と女子供しかいなかった。城兵は、宗麟のもとに出陣中。しかも、城で采配を振るうべき城将は、四十歳あまりの尼僧ときていた（別説に七十前後とも）。とても、まともに戦えるような状況にはなかったろう。

この尼は、日向《ひゅうが》（現・宮崎県）の高城・耳川《みみかわ》の合戦において島津軍と戦い、壮絶な戦死を遂げた大友家の部将・吉岡宗歓《そうかん》の嫡子である掃部介鎮興《かもんのすけしずおき》の妻であった。夫は三十歳で死に、若い身で後家《ごけ》となった彼女は髪をおろして、以降、妙林尼と称することになる。

彼女には十歳の子・統増《むねます》が遺《のこ》されていたが、彼も兵とともに城を留守にしていた。本来ならば、鶴崎城は開城降参以外に方法はなかったろう。

ところが妙林尼は、男顔負けの知力で籠城戦《ろうじょうせん》を敢行する。思わぬところに伏兵を置き、夜襲も敢行。敵は女子供と農民と、高を括《くく》っていた島津軍は攻めあぐね、攻防数日に及び、ついには戦術をかえて城内の中島玄佐《げんさ》、猪野道察《いのどうさつ》らに金を贈り、内通をすすめた。事態を察した妙林尼は、もはやこれまでとあっさり開城にふみ切る。まだ、女性の相続権が生きていたのであろう。

興味深いのは、開城後の妙林尼の行動である。城下に足止めされていたが、彼女は時おり訪れる城内の島津の将兵たちに、酒や手料理を振る舞い、唄や踊りまで添えて彼らを歓待した。こうなると、島津方も妙林尼に親近感を抱くようになる。

ところが、明けて天正十五年となり、この三月、豊臣秀吉がいよいよ島津氏討伐のために九州入りする、との情報を耳にするや、妙林尼は豹変した。

本国に引きあげるという島津の将兵たちに、送別の宴を開いてやり、正体なく酔わせた直後、彼女はわずかな軍勢を引きつれて、彼らを急襲した。酔って五感があやしくなっていた島津の将兵は、なすすべもなく討たれていく。

妙林尼があげた首級は、六十六個。味方の戦死は、一名のみであった。

「尼の身として希代《きたい》の忠節、古今の絶類なり」

と主君宗麟は誉《ほ》め、彼女の息子統増にも恩賞を与えた、と伝えられている。

のちに秀吉が、その活躍ぶりを聞き、ぜひにも恩賞を取らせたい、と妙林尼に使者を送ったが、彼女は固辞して、そのまま消息を絶ってしまった。

鶴崎城はその後、毀《こわ》され、その跡に宿所が設けられた。現在、わずかに大分市内に「鶴崎」の地名のみが残っている。

おそらく、戦国時代を通して、一番多くの敵将の首級をあげた女性は、この妙林尼に違いない。

武田勝頼の妻が示した真心

栄枯盛衰は世の習い——武田信玄が天下統一をすべく上洛戦を敢行しながら、途中で急死し、跡を四男の勝頼が継いだ。彼は軍才にめぐまれた、非凡の武将であった。が、勝頼は一度、臣籍に降下したことがあり、信玄以来の重臣の中には彼を認めず、むしろ軽んずる者も少なくなかった。加えて、急ピッチで進む専属家臣団制への移行＝改革には、反発・反感を抱く諸将も少なくなかったようだ。

そうした中で、何よりも勝頼にとって不幸であったのは、彼の前に戦国の覇王・織田信長が立ちはだかったことである。信長の所領はすでに、勝頼の三倍は優にあって、経済力は伊勢・琵琶湖・堺を抑えて隔絶していた。

また、天正三年（一五七五）五月の長篠の戦いにおいて、信長は世界戦史上初めての、一定戦域における鉄砲三千挺の一斉射撃（俗にいう三段撃ち）を実現する。

これによって武田の騎馬隊は、信玄以来の宿将の大部分を失い、同時に人心をも喪失。同九年三月の、徳川家康による高天神《たかてんじん》城奪取により、勝頼は反転攻勢の拠点を失ってしまう。

勝頼はこの年の暮れに、一族を率いて新府《しんぷ》城（現・韮崎《にらさき》市）へ移った。同行した中には、勝頼夫人の姿もあった。

去る天正五年に、わずか十四歳で勝頼の後妻として嫁いできた彼女は、関東の北条氏康《うじやす》の娘（氏政《うじまさ》の妹）であった。二人の結婚はむろん、政略に依《よ》るものであったが、夫人は落日近い武田家にあっても、決して夫・勝頼を見捨てようとはしなかった。

天正十年二月十九日、勝頼夫人が密かに武田八幡宮に捧げた、戦勝祈願の願文《がんもん》が今日まで伝えられている。

「南無きみやうちやうらい大ぼさつ」（南無帰命頂礼大菩薩の意）

ではじまる同文は、夫・勝頼の敗戦、身内・木曾義昌《きそよしまさ》の裏切りにふれ、

神慮天命、誠あらば、五逆《ごぎやく》、十逆の輩《やから》にご加護はありますまい。渇仰《かつごう》（仏道を深く信仰すること）肝に銘じています。願わくは霊神力をあわせて勝頼に勝利を得させたまえ。大願成就のうえは、勝頼と私と、ともに社殿をみがき、廻廊を建立いたしま

す。（著者・現代語に訳す）

願文のしめは、「天正十ねん二月十九日　源勝頼うち」となっていた。

戦国の女性として、何と可憐な大名夫人であろうか。彼女は決して、夫とともに武具に身を固めて戦う闘女ではなかった。静かに、しかし懸命に神仏に祈りをささげつづける女《ひと》であった。だが、武田家の命運はすでに尽きていた。

翌三月に入ると、伊那高遠城を死守していた勝頼の異母弟・仁科盛信《にしなもりのぶ》が戦死。浮き足だった勝頼に、重臣の小山田信茂《おやまだのぶしげ》は取り急ぎ、自分の岩殿山城《いわどのやまじょう》に退去すべし、と進言する。

信茂を信じ、新府城を出発した勝頼だったが、途中で信茂の裏切りにあってしまう。織田家の軍勢が、すぐそこまで迫っていた。城を出たときの五、六百騎は、いつしか百騎余となっていた。

勝頼一行はやむなく、天目山《てんもくざん》へ。最後の一戦を前に勝頼は、田野庄《たののしょう》（現・山梨県甲州市）で別宴を張り、夫人を実家の北条氏のもとへ逃《のが》そうとする。総勢、四十三名。

だが、夫人はあくまでも夫とともに死出の旅に立つことを望む。このあたり、江戸時代を先駆けた貞女、女の鑑《かがみ》といえなくもない。

最後の一戦が行われる最中、夫人は西方浄土に向かって念仏を唱え、みずから守り刀を口に含んで地に伏し、自害して果てた。三月十一日の最期の日、彼女はまだ十七歳でしかなかった。『本朝古今閨媛略傳《ほんちょうここんけいえんりゃくでん》』は、次のように書き留めていた。

「嗚呼《ああ》、此婦《このつま》の如きは女丈夫中の錚々《そうそう》たるものと謂《い》ふ可《べ》きなり」

武家化した江戸の結婚

宮廷の走狗《そうく》として、貴族たちに賤《いや》しまれていた開拓農民や番犬がわりの武家は、その実力＝戦《いくさ》の腕をもって、ついに豊臣秀吉の天下統一にいたった。

〝性愛〟と結婚を楽しんできた日本人は、ここで〝忠義〟という、これまで日本史上に顧みられなかった価値観を、強要されることになる。換言すれば、日本は戦国を経て、江戸時代に国をあげての武家化を成し遂げたわけだ。

決定的となったのは、秀吉につづいて天下を取った徳川家康の出現であった。より具体的にいえば、元和元年（一六一五）七月に発布された、「武家諸法度《ぶけしょはっと》」の登場によってであったといえる。

この正式の武家＝大名をのみ、対象とした法度の第七条には、

「私《わたくし》に婚姻《こんいん》を締《むす》ぶべからざること」

という一節が、鮮やかに明文化されていた。

戦国時代、政略結婚の威力を見せつけられた家康は、自らが大名と婚姻を結んで勢力を増大させ、〝天下分け目〟の関ヶ原で勝利したこともあり、逆に大名同士が徒党を組み、討幕の挙に出ることを極端に恐れた。

ちなみに、この「婚姻」――普段は、何気なく使っている言葉だが、「婚」は夕暮れ、黄昏《たそがれ》どきのことで、新妻の輿入《こしい》れはこの時刻に行われたのが、古代中国の風習となった。そこから、結婚を意味する言葉に転じたようだ。「姻」は、女のゆきて因《よ》るところ――これから先の、一生の頼りどころの意。この二文字をあわせて、結婚の本

意となった。

戦国時代も江戸時代も、農民や町人＝庶民の結婚は、実に簡単なものであったといえる。慣例しかなかったから、勝手に結婚式をあげ、その後で立ち合い人＝仲人（江戸時代では正式の町人である大家《おおや》）を通じて、名主へその旨を届け出ればよかった。

このとき、江戸時代であれば、妻の人別送状《にんべつおくりじょう》と寺証文《てらしょうもん》（檀家《だんか》証明書）をあわせて提出する。名主はそれらをもとに、人別帳（戸籍簿）を作成。これによって、入籍となった。なかにはズボラな熊さん八つぁんもいて、届け出を二、三年もほったらかしにしてた、などというケースも少なくなかった。

昔も今日のような、〝成田離婚〟ではないが、スピード離婚するカップルは存在した。では、江戸時代の離婚は、どの時点から成立したのか。どうやら大家に届け出がなされた段階であるらしい。届ける前は、単なる痴話喧嘩。届けたあとは、離婚騒動ということになった。

ただし、江戸期の商家では、縁談の決まった段階で婚姻は成立したと考え、もし、新妻となる女性が、夫と一緒に暮らす前に、他の男性と関係を持ったりすれば、応仁の乱以後に社会性を持った「不義密通」が適応され、姦夫姦婦《かんぷかんぷ》の扱いとなった。

八代将軍・徳川吉宗《よしむね》の命令で編纂され、寛保二年（一七四二）に完成した「御定《おさだめ》書百箇条《がき》」（公事方《くじかた》御定書とも）に拠《よ》れば、そうした場合、男は「軽追放」となり、女は髪を剃《そ》られてしまった。つまり、丸坊主にされたわけだ。

ところが、これが人別帳に記載された後となると、大変なことになった。姦夫姦婦ともに死罪となり、夫を持つ妻に手を出せば獄門《ごくもん》と定められていた。

婚姻で江戸時代に入り、よりやっかいになったのが武士――先にあげた大名家であった。とにかく細々とした取り決めが、幾重にも用意されることとなる。

一万石以上の大名＝正式の武家は、結婚するにあたって、幕府の許可を得なければならなくなった。これは徳川家への忠誠を、諸侯に求めたものでもあったわけだ。

そのため大名たちは、隣接している大名家と往来したり、自由に交際することができなくなった。無断で婚姻すれば、幕府への謀反とみなされて、その大名家は即刻、改易となった。疑われないためには、大名たちはむしろ、相互の監視を強化したほどである。その姿勢が泰平の時代、身分の下へ下へと影響を及ぼしていく。

寛永《かんえい》二十年(一六四三)の三代将軍・家光の時世となると、「武家諸法度」増補版では、「私に結婚できない者」の範囲が広げられた。従来の大名に加え、幕府の官僚も適用を受けることとなり、近習の物頭まで、さらにこの締め付けは天和三年(一六八三)には諸奉行、諸物頭にも当てはめられ、幕府の中堅クラスにまで及んだ。

武家=大名同士の縁組にのみ適用されていたものが、家来筋にももちいられ、武家と公家の婚姻にも広げられた。宝永七年(一七一一)には、布衣《ほい》(かつて在原業平が落とされた六位の身分)以上のもの、すべてに適用されることとなる。

名目上は許可制だが、決定権をもつものは上司と父親であった。

婚姻手続きと「三行《みくだ》り半《はん》」

では、大名の婚姻手続きはどのようになっていたのか。婿、嫁の相方が昵懇《じっこん》にしている、高級旗本に婚姻したき旨の書類を提出。それが老中《ろうじゅう》へまわされ、とり急ぎ両家の調査が大目付、目付によって行われた。とくに問題がなければ、双方の大名家へ江戸城登城の切紙《きりがみ》（文書）が発せられる。

登城すると、老中の御用部屋へ通され、口頭で許可がおりた。両家ではこれを受けて挙式の日取りをきめ、結納、輿入れ、おひろめなどが準備されたが、その一つ一つについて、旗本を通じて老中へおうかがいをたてねばならない。さぞ、煩《わずら》わしかったであろう。さらに将軍家へは、お礼言上の登城を、献上品持参で行わなければならなかった。なお、お礼言上を受ける将軍は、相手によって応対をかえた。

大国の大名には自ら言葉をかける配慮を示したが、小藩となると簾《すだれ》を下げたままの対面となり、いっさい言葉を発しなかった。小大名たちは、いわば将軍不在の脇《きょう》息《そく》と敷物《しきもの》に平伏しているようなもの。

逆に、将軍家の養女をもらうとなると、大ごととなり、大名家の出費のかさみは想像を絶した。基本的には外様《とざま》同士の婚姻は許されぬ不文律もあり、大名家はできるだけお金のかからない＝格式があって地味な公家を相手とすることになる。幼い頃に婚約させておけば、将軍の娘を押しつけられたとき、逃げる口実ともなったようだ。

旗本の場合は、自らの支配、頭《かしら》まで婚姻届を提出した。そして老中・若年寄にあげられ、調査の結果、問題がなければ結婚は成立した。

身分の高い旗本が、身分の低い嫁を迎えるときは、同格の旗本に養親の役を頼み、一旦、養女となって、それから嫁入りとなった。

大名の場合、離縁は原則認められず、気に入らなければ正室《せいしつ》を別邸に遠ざけるなりして、自らが愛妾のいる藩邸へ移れば事はすんだ。この点、カトリックと似ている。

旗本の場合は、どうであったか。こちらは簡単、夫の一方的な「三行《みくだ》り半《はん》」で離婚は成立した。

誤解されている人が多いようだが、この「三行り半」はその実、再婚許可状であった。受け取った妻は、「いすかたへ縁づき候とも構いこれなく候」という、夫の主旨を表明してもらうために、これを必要としたのである。

つまり、「三行り半」がもらえないと、妻は再婚できなかったわけだ。

ついでながら、この離婚における「三行り半」――武士のみならず、農民、町民、商人であっても、すべて夫が妻に突きつけるもので、その逆は認められなかった。

ちなみにこの「三行り半」は、離縁状の書式を三行半で書いたことから出発した言

葉で、文字の書けない農民などは、墨で三行と半分、タテ線を引けばそれで了解とされたとも。多少、夫が文字に明るければ、

「心にかなわず候に付《つき》」

などと、抽象的な理由を述べればそれでよかった。

具体的な理由を、夫は妻に告げる必要もなかったのである。そのため、離縁される妻の中には、なぜ自分が家を出されたのか、その理由が皆目わからない女《ひと》も少なくなかった。だからといって、彼女たちからの異議申し立ては許されない。乳飲み子を置いて、泣くなく婚家を去るというのは、身分にかかわらず江戸期を通じてありえた女の悲しい姿であった（否、明治・大正・昭和の戦後までは原則として同じ）。

妻はどこまでも、哀れな存在であった。夫がいかに怠け者であり、酒乱であったとしても、あるいは他に女を作って家に帰って来なかったとしても、妻の方から離婚請求はできない。慰謝料もない。離れてのちの保障は、一切なかった。一度嫁いだからにはひたすら忍従せよ、と封建道徳は教えた。それが女の道＝婦道なのだ、と。

自分の方から離婚請求できない妻にとって、唯一の例外、救いがあるとすれば、鎌

倉の東慶寺《とうけいじ》と上野国新田郡《にったぐん》（現・群馬県太田市）の満徳寺《まんとくじ》に駆け込み、救済を求めることであったろう。寺内に逃げ込んで、丸二年、厳しい寺の修行、作務に耐えてつとめあげれば、離婚は成立した。この二つの寺では、夫婦に協議の場も与えたようで、話し合いの結果、和解して復縁するケースもなくはなかったようだ。

残る大名の妻と子

しかし、既婚女性を救済するにしては、全国にたった二つの施設である。天下六十余州に住む多くの女性は、こうした寺のあることすらも知らず、たとえ知っていたとしても地理的、経済的に訪れることができないまま、生涯を終えることの方がはるかに多かったことを忘れてはなるまい。

その証左に、最後の心の拠りどころとした神仏にすがる過程で、彼女たちは縁切地蔵や縁切稲荷、縁切榎《えのき》などを信仰し、かなわぬ〝自由〟への思いを心に念じつづけた。哀れというほかはない。

もっとも、二十一世紀の今日でも、諸事情によって離婚ができないでいる女性はいる。近世以降の歴史は、こうした女性たちに対して、最初の男の選び方が大切だ、としきりにくり返し語るのだが、人間は途中で豹変もし、性格もかわる。なかなか、見極めることは難しい。これは女性も同じこと。「嫁入婚」より「婿入婚」の方が、よかったのではあるまいか。その思いは、大名の妻や子も同じであったろう。

町人と違って大名・旗本は、世継ぎの男子がいなければ、お家断絶となってしまう。そうしたことから、正室のほかに側室《そくしつ》をおいて、なるべく多くの子を産ませようとした。それは、幕府の公認である。

まず、正室は必ず江戸藩邸にいて、奥向きに関して大きな権限を持っていたが、三十歳を過ぎると、夫とは寝所をともにしないのが通例となっていた（将軍家の大奥も同じ）。子がもはやできそうにない、との配慮からで、いきおい大名は側室を寵愛することとなる。

この正室を江戸におくのは、幕府への人質としての意味があったからで、それに対して国許《くにもと》には、第二夫人ともいうべき側室が、かならずといっていいほど存在した。

第二夫人とはいえ、しょせんは妾妻に相違ないのだが、国許における権勢は、ほとんど正妻＝正室のそれと同様であったから、これをとくに〝お国御前《くにごぜん》〟などと称した。

お国御前をはじめとする妾妻は、随時、家臣や町家の娘から採用されたが、奥向き内の厳しい階級や職掌が、各大名家によって細かく定められていた。

もっとも、大名家の当主のお手付き＝妾妻（側室）となれば、格は一気にあがった。しかし、正室に直ることはなく、最高の敬意ははらわれなかった。問題は子供である。妾妻は女子を出産すると〝お腹様《はらさま》〟と呼ばれ、男子でも出産しようものなら、〝御部屋様《おへやさま》〟と呼ばれることになり、主人並みに扱われる大出世となった。

こうなると、妾妻の親にも扶持《ふち》が与えられ、父や兄弟は抜擢《ばってき》を受けた。それが町家の者であれば、思いもよらなかった武士に取り立てられることにもなったのである。

ついでながら、一般に大名の世子《せいし》と称されるのは、正室の長男であって、相続者は嫡出長子《ちゃくしゅつちょうし》として幕府に届けられる。また、妾腹の子は正妻に子が生まれると、長男であっても次男に格下げされるが、逆に正妻の嫡子といえども、病弱や障害がある場合、藩より幕府へ願い出ることによって、廃嫡が認められた。

よく取り沙汰されるお家騒動、藩主の一族や家老、重臣たちによるお家乗っ取り劇は、この廃嫡願を悪用してのことが多かった。

嫡子＝世子とそれ以下——同じ大名の子であっても、次男以下の部屋住みは、いわゆる〝冷飯食い〟の扱われ方をされた。その待遇は、世子とは雲泥の差、臣下とかわらなかったが、辛うじて〝冷飯食い〟の中では、次男だけは三男以下とは相違した。

なぜか。次男には長男に万が一のことがあったおりの、相続人の予備候補（補欠）という意味合いがあったからだ。三男以下には、それがない。養子先——他の大名家か重臣の家——を懸命に探さねばならず、見つからなければ藩から捨て扶持《ぶち》をもらうことになる。これは藩主家に生まれた者にとって、みじめなものであった。

そのため、大名家の子女は懸命に学問・芸術に励んだ。通常、三男以下の場合は、親戚の大名や旗本のところへ養子入りすることをめざした。

次男も、兄に子ができればお払い箱となる。世継ぎの予備であったため、三男以下のように早くから養子の運動をしていない。スタートが遅い分、内容も悪かった。次男とて、よほどの運がないかぎりは、やはり三男以下とかわらなかったといえそうだ。ただし、例外もなくはない。

二代紀州藩主・徳川光貞《みつさだ》の四男に生まれながら、越前丹生郡《にゅうごおり》内に三万石の小大名となり、兄らの死去によって五代紀州藩主となり、さらには八代将軍にまで登りつめた徳川吉宗のような例もなくはなかった。

幕末の井伊直弼《いいなおすけ》にいたっては、彦根《ひこね》藩主・井伊直中《なおなか》の十四男に生まれている。本来ならどうすることもできない立場であったが、兄たちの相次ぐ死と、すでに養子先の決まっていた兄たちのおかげで、自らが命名した「埋木舎《うもれぎのや》」＝部屋住みの身分から、一躍、彦根三十五万石の藩主となり、ついには幕府の「大老」となっている。

お見合い結婚のルーツと妻の呼び方

大名の男子に比べて、姫たちはかわいそうであった。なにしろ、彼女たちには家督相続権がなかったのだから。封建制度の中では、武家の娘は親の命ずるがままに、定められた相手に嫁がねばならなかった。

筆者はすでにみた「武家諸法度」こそが、日本におけるお見合い結婚のルーツであった、と考えてきた。なにしろお見合い結婚で重要なのは、婚期と家柄であった。明治に定められた大日本帝国憲法においても、結婚には家長（父・兄）の許可が必要であり、当の本人は「どうぞ、よろしくお願いします」と結果を待つばかり。

戦後、結婚は当事者の合意となったが、それでもお見合い結婚は、幅をきかせていた。おそらく恋愛結婚が真に市民権を得るのは、皇太子（現・今上天皇）と美智子后がご成婚された昭和三十四年（一九五九）からではないか、と筆者は思っている。

この二人のデートが、マスコミを賑わしたからであろう。昭和三十三年生まれの、筆者のクラスメートの女子には「美智子」さんが、それこそたくさんいたものだ。

ところで、近世の妻の呼び方である。すでに、古代・中世についてはふれている。近世は武家の封建制ゆえ、改めて整理しておきたい。なにしろ、現代につながる語源もあった。

まず、将軍の正室は「御台所《みだいどころ》」といい、略して「御台様《みだいさま》」と呼んだ（将軍は「上様」であり、庶民が呼ぶときは「公方様《くぼうさま》」である)。

右の〝御台〟は、「御台盤所《みだいばんどころ》」から来た言葉で、台盤――四脚の机状の台――を置く、すなわち台所を采配する＝妻という意味から生まれた呼称であった。

これが御三家、御三卿(将軍家の家族・八代と九代将軍により創設される)の正室となると、「御簾中《ごれんちゅう》」と呼び名が変わった。簾《すだれ》の中の意で、そこにいるであろう貴婦人を指す敬称としてもちいられた。中世貴族の名残《なご》り、というべきか。

では、大名や旗本の妻は何といったか。「奥方様」である。「奥の間に棲む女《ひと》」の意で、略して「奥様」と呼ぶこともあった。その夫は、「旦那様」で正しいかというと、そうではない。「殿様」が正しく、「旦那様」は旗本にも使わず、その下位の御目見《おめみえ》以下＝御家人《ごけにん》の当主にもちいられた。「旦那様」の妻は「御新造様《ごしんぞうさま》」であり、御目見以下でも足軽のように、さらに低い身分では妻のことを「御内儀《ごないぎ》」といった。

この「御内儀」はやがて庶民も使うようになるから、幕末に近づくとこのあたり、ほとんど身分上の差はなくなっていたのかもしれない。

ちなみに、殿さん、旦那さんという〝さん〟は、もとは三河《みかわ》の方言であり、三河武士＝徳川氏が天下を取ったために、標準語に混ざってしまった。とくに徳川家の人々にとっては、この〝様〟と〝さん〟はほぼ同義語の扱いであり、それを江戸っ子たちが真似て広めた、といっても過言ではない。

もっとも、熊さん八つぁんは己れと同じ暮らしぶりの、人の妻を「御内儀」とは呼ばず、よくて「おかみさん」。自分の妻なら「かみさん」、さらには「下歯《したば》」、「化けべ《ば》そ」などと称した。「下歯」は上歯を己れにみたてての、噛《か》み合わせをなぞらえたものであろう。「化けべそ」は本来、「化け〇〇のへそ」と言葉を挟んだかと思われるが、それが途中で省略されたもののようだ。

今日なお一般に多いのが、「女房」であろう。この語源を平安時代に遡《さかのぼ》る呼称は、「女房持ち」「女房冥加《みようが》」「恋女房」などと、幾つもの使われ方をしてきた。

身分ある女官が起居する個室＝「房《ぼう》」のことを、当初は「女房」といった。

筆者は勉強不足で知らなかったのだが、亡き稲垣史生に拠ると、中世にあっては「女房」に対する「男房《なんぼう》」もあったそうだ。これは男色関係のものではなく、平安朝廷における蔵人《くろうど》、童蔵人《わらべくろうど》などの男の役人が住む部屋のことだという。

それが部屋に住む人間そのものを指すようになるのは、平安末期から鎌倉時代に入る頃から。上臈のことを「女房」といったものが、いつの間にか主人の間近に仕える高位の女性なら、誰に使ってもいいようになり、やがて下級の公家や武士が僭称《せんしょう》するようになって、己れの召使いにまでもちいられるようになった。

——〝下剋上《げこくじょう》〟は、「女房」のうえにも起きたわけだ。

ただし、「女房」は妻のみ、妾妻には決して使用されなかった。関東では妾《めかけ》、関西ではテカケ、奥州ではオナメなどと呼んだが、奈良朝以来の伝統を持つ妾妻ではあっても、なぜか「女房」は使われなかった。

「不義」と「密通」

ちなみに、古《いにしえ》の「大宝律令《たいほうりつりょう》」では妾妻は、本妻とともに二等親に位置づけられ、主人家族とみなされて財産権も持っていた。そのかわり貞操義務もともなっており、主人＝旦那が死ねば身を慎んで、余生を送らなければならなかった。

それが武家政治の中で少しずつ軽んじられるようになり、江戸時代に入ってからは配属者としての地位を完全に失い、召使い、使用人の身分となった。子を産んでも、腹を貸しただけと解釈され、実の子に対しても母親として接することは禁じられた。

武士の世界だけではない。町人の社会でも下々の妾妻は「下女」と書いて、「メカケ」と読ませたという。しかし、なぜか貞操義務だけは引きつづき強要されつづけた。男性のエゴであったろう。実に中途半端な、かなしい存在であったといえる。

だから嵌《はま》ったわけではないだろうが、封建制の時代、「不義密通」(男女の道義にはずれた関係)が流行した。

しかしこの四字熟語のうち、本来は「不義」と「密通」は別ものであった。「不義」は義にそむくこと、道にはずれることであり、こちらに男女の区別はなかった。「密通」＝男女が密かに情を通じること、とはまったくの別ものであったのだが、いつの間にか一つに扱われるようになってしまった。それだけ「不義」の「密通」事件が、多かったということであろう。より歴史的に問えば、「姦通《かんつう》」という言葉があった。

こちらは男女の不義の私通をいうとともに、夫のある婦人に夫以外の男が情交したことを特にいい、日本には古来より「姦通罪」というものが存在した。

この法律が正式になくなったのは、昭和二十二年（一九四七）のことである。

古代日本において「姦通」を働いた場合、「養老律《ようろうりつ》」では労役一、二年といったところ。案外に軽かった。しかも、正妻でなく妾妻の場合はもっと軽減された。

平安時代はどうであったか。すでにふれたごとく、「不義密通」「姦通」は花盛り。近親婚も多く、誰も道徳律をもって批判できず、ほとんど野放し状態であった。

一気に厳しくなるのが、武家政権＝鎌倉幕府の誕生以後。『貞永式目《じょうえいしきもく》』では、強姦であろうが和姦《わかん》（男女が合意のうえでの姦通）であろうが、人妻に密通すれば、その武士は所領の半分を没収され、出仕は差し止め。領地のない軽格な武士は、遠島処分となった。

農民に対しては、罰金刑がもちいられ、過料として銭五貫から三十貫まで、双方の情状を酌量して金額が定められた。せいぜい姦通が罪として問われたら、その者は以後、結婚することができなくなるぐらいだが、多少の抑止力とはなったろうか。

もっとも、これは法律上の処分――地域社会における見せしめ、制裁、私刑はより苛酷《かこく》を極めた。村落によって趣向はちがえど、一つには二度と「姦通」を許さぬ姿勢を示すことと、ある種の息抜き、ストレス発散としてショー化した意味もあった。

たとえば、男女をはだかにして踊らせる。尻を笞打《むちう》つ、一定期間晒《さら》し者にする――等々。なかには簀巻《すま》きにされたり、くくりつけられたまま筏《いかだ》で流すというのもあった。

しかし、一面、「密通」は庶民的な明るさ、おおらかさをもっていた。村人たちはある種の寛容さをもって、私刑に臨んでいたのだが、前述したように、室町時代後半＝応仁《おうにん》の乱以降の戦国の世となると、合戦が多くなるのに比例して、「密通」「姦通」は死罪という重い刑に変わっていく。

相場があった「間男《まおとこ》の首代」

戦いの留守に妻が浮気しているのではないか、と疑っていたのでは、そもそも戦《いくさ》にならない。安心して将兵が戦うことに専念するためにも、領主は厳罰を与えねばならなかった。戦国武将は各々、分国法を定めたが、全四国制覇を成し遂げた長宗我《ちようそか》部元親《べもとちか》は百箇条の家訓の中に、

男留守の時、其《その》家へ座頭《ざとう》、商人、舞々（芸人）、猿楽・猿遣《さるつかい》、諸勧進、此《この》類式は親類たりと雖《いえど》も、男一切停止也。（三十三条）

というのを定めていた。夫＝武将の気持ちが、わからないでもない。

逆にいえば、法度にしなければならないほどの、多くの事例があったのだろう。

やがて徳川家康の天下統一、江戸時代がやって来た。「姦通」はあいかわらず死罪であったが、これは天下泰平を目指す政権ゆえの処置であった。そのため昭和の二十年代までつづく伝統――姦通罪を家康以来、国家は親告罪としている。

つまり、妻と密通した男＝間男は、亭主が訴え出なければ、罪に問われなくなった。間男した妻も同じ。いかにも、事なかれ主義の徳川幕府らしい。密通現場を夫が

押さえたとしても、その妻に未練があれば、夫は間男と交渉して、内々に二人を別れさせるようにしてもよかった。

最後は愛情が問われたわけだが、己れの妻を寝取られて、笑っている亭主はいまい。怒り心頭に発し、「おおそれながら」とお上に訴え出るケースも無論、あった。

その場合は、徳川幕府の基本法典ともいうべき「御定書百箇条」（実際には百三箇条であった）が適用されることとなる。第四十八条に、「密通いたし候妻　死罪」「密通の男　死罪」とある。奉行所に訴え出る前に、現場を夫が押さえた時点で、いわゆる〝重ねておいて四つにする〟で、妻と間男を成敗しても、夫は殺人罪に問われることはなかった。

また、間男がむりやり居間に押し込んできて、妻を強姦に及んだ場合、夫が間男を斬り殺しても、襲われた妻は〝お構いなし〟であった。

さて、間男と妻が和姦のあげくに、世を儚《はかな》んで「心中《しんじゆう》」したらどうなったか。二人ともに死ねば、もうどうすることもできなかったが、万一、妻が死にきれずに生き残った場合、身分を士農工商の埒外《らちがい》に落とされただけでは済まず、死罪となった。間男が生き残れば、引廻しのうえ獄門となる。

二人ともに死におおせず、間男が逃げたことが露見したときは、夫に処置は一任された。また、「和姦」「密通」を手引きした、第三者がいる場合、この人物も死罪となった。罪の連座制が、適用されたためである。

いずれにせよ、「不義密通」＝姦通はロクな結果にならなかった。そのことは誰しもわかっているはずなのだが、人間はやってはいけない、やってはいけないといわれると、ついやりたくなる生物のようだ。まして、人妻という魅惑的で危うい存在。死を賭けての密事となると、スリルとサスペンスも申し分ない。

つい、出来心で他人《ひと》の妻に手を出す輩《やから》が、実は後を絶たなかった。このあたりにも、あえて親告罪にした真意が隠されていたように思われる。理性のある夫の中には、自ら人殺しなどしたくない、と考える人もいたであろう。その思いが元禄時代以降、「間男の首代」に具体化した。

「首代」というのは、戦国時代に落城寸前の城から、こっそりと逃げ出すのを見逃してもらうための代金で、城方の足軽が攻城方の足軽に支払って逃れた。それを「姦通」に応用しよう、と考えた人間が出たわけだ。

「暴力より罰金」

殴り倒しても、拳《こぶし》が痛いだけ。腹が煮えくりかえっても、姦通の事実は消えるわけではない。それならば、成敗してわが身が血で穢《けが》れるより、親告罪で姦夫姦婦を死罪にして祟られるよりも、この不祥事を金で弁償させて溜飲《りゅういん》をさげよう、ということになった。

現代でいうところの、不倫の慰謝料——泰平の時代、いつの間にか「間男の首代」にも、相場というものができていた。江戸で七両二分、上方で五両分の銀払いということになった。現代の相場より、大分に安い。

蛇足ながら、この「間男の首代」が悪用されて、いわゆる「美人局《つつもたせ》」（妻が夫と話し合いのうえで、ほかの男と情交し、夫がそれを種にその男をおどかして金銭をゆすること）に発展したのではないか、と考える歴史家もいた。筆者である。

それにしても、男女の〝性交〟〝結婚〟の歴史は喧《かまびす》しい。

「心中」は日本文化

少し、話題を変えよう。「心中」について、考えてみたい。

世の中にはいろいろな「心中」がある。親子心中に、一家心中、あるいは無理心中――云々。しかし、最も人々の情念に訴え、文学の域にまで高められてきたものとなると、やはり恋する者同士の「心中」であろう。〝情死〟ともいった。

相思相愛の男女が、それでも添えない事情をかかえ、ともに死んであの世で一緒になろうとするもので、江戸時代、八代将軍・徳川吉宗は、あまりに男女の心中が多いのに激怒して、「心中」の訓《よ》みが〝忠《ちゅう》〟に聞こえる、これからは心中などといわずに、「相対死《あいたいじに》」といえ、と町奉行所に厳命したほどであった。

ところが、この心中（相対死）――視野を世界に広げてみると、あまり他の国にはなかった。日本独有のものではないか、と改めて疑いたくなるほど、欧米諸国には「心中」がない。

これは関ヶ原の戦いの前夜、細川《ほそかわ》ガラシャがそうであったように、キリスト教の信者は、自殺そのものの行為を禁じられていた。自ら手をくだして死ねば、地獄に落ちるわけで、ガラシャは細川家の家臣に自らを斬らせ（あるいは突かせ）、細川家の当主の妻としての役割に整合性をもたせている。

ましてて男女が、手に手を取りあって死んでも、〝あの世〟とやらでの生活は保障されていなかった。〝情死〟は、世界に冠たる日本人の発想といえるかもしれない。

それでいて実はこの「心中」、古代・中世には日本でもほとんど確認されていなかった。平安時代半ばまでの男女は、しばられるものがきわめて少なかったから、そもそも二人で死ぬ理由がない。

心中が流行したのは意外にも、戦国乱世が終息したのち、皮肉にも生命《いのち》の危機がなくなった泰平の世となってからのことであった。

人間とはおもしろいもので、日常生活が日々死と隣り合わせのような時代には、必死に生き抜くこと、生き残ることを考えるようで、殺したり、殺される危険がなくなって一息つくと、今度は現世の苦しみから逃れるように、自ら死を選ぶようになる。

一時流行した練炭自殺を集団で行う行為も、アジア・太平洋戦争時には考えられないものであった。日本史的にみれば「心中」の流行は、貞享《じょうきょう》年間（一六八四〜八八）あたりがスタートといえそうだ。江戸初期の戦乱の余燼《よじん》がおさまり、ようやく世の中は泰平となって、文化の爛熟《らんじゅく》期を迎えた頃である。

つづく元禄時代（一六八八〜一七〇四）もそうだが、このおりの文化の担い手は武士ではない。経済力を身につけた商人、町人で、一方では武士の優越が崩れた〝下剋上〟の時代でもあった。

では、主役は彼らかというと、そうではない。「心中」の流行そのものを生み出したのは遊女、とりわけ下級の女たち（端女郎）であった。

一生苦界《くがい》から足を抜くことができない女郎（実際は二十代後半で自由の身となった）が、同じように日々、単調なくり返しに生きる意欲を失っていた、商家の奉公人と色里で出会う。奉公人は最初、商用であったかもしれないが、やがてなじみの遊女ができ、自前でかようようになる。

しかし、己れの貯えはやがて底をつき、公金に手を出してしまって、ついにはにっちもさっちもいかなくなる。そうなると、二人は迷わず「心中」を選んだ。

仏教ではキリスト教と異なり、死ねばかならず〝あの世〟＝極楽に行けると説かれていた。一緒に極楽に行ける、と男女に期待を抱かせる余地が生まれ、死を救済と置きかえて二人は考えたわけだ。

主家の金に手をつけ、発覚して罪人になるか、好いた女と一緒に死ぬか。〝情死〟は現実の、清算手段の一つとなっていた。

だが、この「心中」は武士の世界ではあり得ないことであったといえる。

もし、当主が「心中」をすれば、その家名は末代まで汚れたものとなり、その恥辱はお家断絶となっても消えない。また、家族はもとより親族の端にいたるまで、連座の罪に問われた。

もっとも、幕藩体制が長くつづき、武士が町人化するようになると、すべてを捨てて蒸発する武士も出現。ただし、その多くは隠蔽《いんぺい》され、表向きは病死として葬られることが多かった。公儀に知られれば、家は例外なく改易となったのだから。

終　章

結婚を阻《はば》むものの正体

遊女の起源と進化

「女性の、最も古い職業は売春だ」

などと、失敬なことをいう人が時々いる。

が、性行為をして金品をもらい、それを職業とするのは、漁業や貝とり、農業、機織りに比べれば、はるか後世のことであった。

ちなみに、春を売る、鬻《ひさ》ぐという〝売春〟の表現は、比較的新しい言葉で、昔は〝売笑〟といった。笑いを売る＝媚《こび》を売る、という意味である。

太古の昔、性行為はオープンなもので、これに金品はつかなかった。

やがて村落が形成され、大きくなり、地域、他国と争うようになると、勝った国は敗れた国の男女を奴隷とした。女奴隷は労働使役だけでなく、性的な意味でも虐げられたが、これは職業としての、〝売笑〟ではあるまい。第一章でみた、〝一夜妻〟しかりである。

では、〝売笑〟は日本において、いつ頃から行われていたのか。

巫女《みこ》がルーツだといった民俗学者もいたが、今日では渡来人のもたらしたもの、古代朝鮮からやって来た〝白丁族《はくちょうぞく》〟たちが、中国の妓女《ぎじょ》の系譜をひいてきたのではないか、と考えられるようになった。白丁族については、今日なお謎は多いが、半島でも孤立していた漂泊の民で、徴兵を忌避して逃亡した人々の子孫とも、狩猟を専《もっぱ》らとする民ともいわれている。定住することなく、国境を越えて各地をさすらった。

女の中には占いに長《た》けたものもあり、歌舞遊芸をともなっていたことから、中世の傀儡《くぐつ》の原型ではないか、という歴史学者も少なくない。印象としては、ヨーロッパのロマにも似ていた。

後三条─白河─堀河の三代天皇に仕えた、大江匡房《まさふさ》の『傀儡子記《くぐつき》』に拠れば、男は皆、弓馬の術に巧みで狩猟をよくし、二つの剣を同時に操るかと思うと、短剣を投げてもてあそび、木人《もくじん》（木偶《でく》・人形）を生きているもののように操ったという。女は化粧をして愁眉《しゅうび》をつくり、腰をかがめて唇に紅を塗り、頬《ほお》にも白粉を施し、歌を歌い、楽器を演奏し、妖艶に笑ったという。まず、〝売笑〟のルーツと見てさしつかえあるまい。

万葉の歌人たちは、彼女たちのことを「遊行女婦《うかれめ》」「阿曾比《あそひ》」などと称した。

もっとも、日本の神話にも「天宇受売命《あめのうずめのみこと》」の子孫で「猿女《さるめ》の君」という、のちの遊女の元祖とおぼしき巫女もいたにはいたが。

巫女は神社に所属し、神の妻ともなって神楽《かぐら》を奏し、ときに加持祈禱《かじきとう》を行った。霊験あらたかであるためには、巫女は処女であることが前提であったが、中には誘惑に負け、男と契り、落ちぶれて〝売笑〟に走った巫女もいたであろう。

こういう女を、「巫娼《ふしょう》」といった。あるいは「県巫女《あがたみこ》」、「歩き巫女」とも。これから派生したものに、専門職＝巫女をはずれ、占いを中心とした「市子《いちこ》」「口寄《くちよせ》」と称するものも出た。

だが、古代・中世において遊女と〝売笑〟は、一応、区別されるものであった。「遊行女婦《うかれめ》」＝〝売笑〟は肉体を提供することによって生計を立てていたが、この頃の遊女は歌や舞、遊宴に興を添えることのできる〝芸〟を持っていた（関連前述参照）。

無論、なかには宴が捌《はね》けてから、貴賓の客の枕席《ちんせき》に侍《はべ》る遊女もいたであろうが、

〝芸〟のあるなしは大きな差を両者間に生んでいた。のちにいう娼婦と芸者との相違、と考えた方がわかりやすいかもしれない。

〝売笑〟する女はおそらく、朝鮮半島を経て九州に上陸し、交易の発達に応じて東進したのではあるまいか、瀬戸内海の沖＝湊にはいずこにも「遊行女婦」がいた。「遊行女婦」と遊女だけでもややこしいのだが、実はこの頃、都にはもう一つ〝官娼〟ともいうべき女たちがいた。すでにみた「采女《うねめ》」である。

「采女」と白拍子《しらびょうし》

これも中国の隋や唐の制度に、学んだものであったろう。

宮廷の女官名であり、当初は地方豪族の娘が、その容姿端麗を厳選されて貢物《みつぎもの》として宮廷に送り込まれた。采女たちは朝廷の伶人《れいじん》について舞楽を学び、外国からの使節や高官の宴に花を添える。

彼女たちには、任期があらかじめ定められており、やがては国許《くにもと》へ帰ることになるのだが、釆女の中には宮廷での優雅な生活、都ぶりにどっぷりつかって、草深い田舎へ帰りたくない、という者も出た。彼女たちも遊女へ転落、合流することになった。

平安時代、殷賑《いんしん》をきわめた遊里は神崎《かんざき》、蟹島《かじま》・江口《えぐち》あたりであったかと思われる。当時、東国はまだ未開の地がほとんどで、大陸・半島からの物資は、西国を経由して瀬戸内海を運ばれ、大坂から船で淀川《よどがわ》を遡《さかのぼ》り、京の都へともち込まれた。

淀川は、江口の三里上手《かみて》で神崎川と合流する。二つの川は並行して、大阪（坂）湾に流れ込む。沿岸の神崎・蟹島などは、貿易の中継地として繁昌《はんじょう》した。女たちは小舟で客を誘い、得意の歌舞遊芸で、あるいは肉体で男たちを喜ばせる。

遊女の中に、新しい流行が生まれた。すでにみた白拍子《しらびょうし》である。直垂《ひたたれ》に立烏帽子《たてえぼし》、白鞘《しらさや》の太刀を佩《は》いて〝男舞〟を歌い舞った。このスタイルはのちに、烏帽子と太刀がなくなり、水干《すいかん》ばかりの姿に変わっていく。

起源は笏《しゃく》拍子や手拍子のない、しら（素）拍子から出たものかと思われる。

この白拍子は、決して身分の卑しい女たちではなかった。一世を風靡《ふうび》した若の前（あるいは和歌前《わかのまえ》）は按察使大納言《あぜちだいなごん》の孫娘であり、箏《そう》の名家の出だけに、その立ち居振る舞いは艶美をきわめ、客にはときの鳥羽院（第七十四代天皇）までが贔屓《ひいき》となっていた。彼女たち白拍子の歌の教養は高く、即席で一流歌人顔まけの歌を詠み、歌った。

それだけに、その相手をする客は権門勢家に限られ、公家や平家の一門（平清盛の寵妾・祇王《ぎおう》）、次には源氏の一門（源義経の愛妾・静御前）と客筋を変えていく。

いつの世でもそうだが、悪貨は良貨を駆逐する——貴族の妻や娘が白拍子となり、その人数が増えていくと、本来の〝芸〟のみで客をもてなすことが難しくなり、当然のことのように、情事を客に求められるケースも増えていった。

あわせて、肉体専門の「遊行女婦《うかれめ》」が、一夜漬けの白拍子に成りすますこともあっただろう。こうなってくると、〝芸〟のあるなしで区分された女たちも、ほとんど区別がつかなくなってしまう。まして地方の武士が都へのぼり、その帰りにインチキの白拍子に引っかかっても、もともと教養のない田舎者＝開拓農民は、それでもこのインチキ＝都ぶりに感激し、妾妻として国許へ連れかえる者も出た。否、教養のない武士にとっては、理解不能の歌舞音曲や詩歌管弦など、もとからどうでもよかったのだろう。交合の技法が巧みで、夜を歓《たのし》ませてくれさえすれば、彼らは十二分に満足した。

客が劣化すると、芸もそれに応じて下手となり、ここで後世のわれわれが思い描く遊女が誕生する。白拍子も「歌舞して女色を売る者」(『下学集《かがくしゅう》』)となりさがった。

彼女たちは〝芸〟を失った分、懸命に房事を研究した。平安中期には「九法《きゅうほう》の態《たい》位《い》」(『医心方《いしんぽう》』)が記録されているが、それが鎌倉時代には「二十六法の態位」(『衛《えい》生秘要抄《せいひようようしょう》』)に増えていた。俗にいう、〝四十八手〟になったのは江戸時代に入ってからであろうか。鎌倉時代、宿駅がもうけられると、辻に立つ女、やがて彼女らを囲う家が形づくられる。「傾城《けいせい》」「君《きみ》」といった呼称が生まれたのは、この頃のこと。

白拍子と並んで男を喜ばせたものに、「歩き巫女」があることは前にふれた。

前者が歌舞音曲を得意とするのに対して、後者は加持祈禱を専門としたが、巫女も南北朝の動乱から室町の世を迎えると、今様《いまよう》をはじめ流行の歌舞を取り入れるようになる。彼女たちの拠りどころである神社仏閣が戦乱の中で焼失したり、その威勢を失い、地方へ――男から男へと渡り歩き――生きるしか方法を失ってしまう。

それが「巫娼《ふしょう》」であった。このようにたどってくると、どうも、遊女を日本に定着させたのは、合戦に明け暮れた武士であったように思えてならない。

源平合戦の頃から、巫女や釆女の逸脱した女たちを加え、白拍子の世界は空前の活況を呈《てい》するのだが、この流行《ブーム》の裏には忘れてはならない白拍子の、もう一つの仕事があった。こちらは決して、煌《きら》びやかなものではない。

戦場での遊女の仕事

合戦に従軍する遊女の役割は、夜の同衾《どうきん》だけではなかった。

従軍中の雑務も、彼女たちの重要な仕事であった。普段は武士の妻女がすべき針仕事や身のまわりの世話、飯炊きに野戦風呂の支度なども、白拍子が担当した。なかでも重大であったのが、敵将の首実検にそなえ、武士が討ち取った首に「首化粧」を施すことであった。

いうまでもなく、戦場で討たれた首はきれいではない。まず、生首を水で洗い、付着している血や泥をきれいに洗い落とさなければならなかった。次に髪をとかし、元《もと》結《ゆい》で髻《もとどり》を高く結いあげる。

源平合戦のおりは、若武者の薄化粧も流行《はや》っていたから、紅おしろいで改めて化粧をし直してやるのも、彼女たちの仕事であった。顔についている傷も、可能なかぎり米粒や絵具で傷口を埋め、見栄えの良いようにしてやった。

見栄えが良ければ、恩賞のランクがあがることもあったという。首の中には、かつて己れが馴染《なじ》んだ武士がいたかもしれない。一抹《いちまつ》の涙を止めて、白拍子たちは懸命にこの「首化粧」の作業に没頭した。最後に首札をつけて、大将の首実検に臨む。

ちなみに、忍び、忍者を描いた小説の世界に、〝九ノ一〟と称する女忍びが登場する。が、これは「女」の文字を分解して「く」と「ノ」と「一」にわけただけのもの。忍びの術に男女の区別はなく、共に幼少の頃から鍛練されたもの。なかでもより高く飛び、より速く走る訓練は、伊賀《いが》、甲賀《こうが》など諸国に雇われていく忍びの、必須の技術であった。

むしろ、女の忍びの活躍の場は、敵の陣中に潜入すること。「御陣女郎」とやがて呼ばれる白拍子こそが、〝九ノ一〟の元祖であったろう、と筆者は想像してきた。

彼女たちは戦《いくさ》と戦の合間に、敵の内情を〝房中〟（閨《ねや》のなか）で探り、それを味方の忍びへ伝えたのではあるまいか。

源平争乱、南北朝の争い、室町時代に入っても応仁の乱以降は、事実上の戦国時代であった。興味深いのは、その争乱の中心＝京の都において、点在していた遊女たちの娼家を、官許で管理・監督する「傾城《けいせい》局」が設けられ、段銭《たんせん》、棟別銭《むなべちせん》などの税金を徴収していた史実である。その元締は意外に、公卿の久我《こが》家であった。

右大臣や大納言を出す上級公家の久我氏は、「傾城局」を設置して営業許可証を下附し、娼家に課税して、違反した場合には娼家を取りつぶす権限を有していた。

「傾城」の語源は、中国の『漢書外戚伝《かんじよがいせきでん》』だといわれている。

「一顧傾二人城一《いっこすればひとのしろをかたむけ》、再顧傾二人国一《さいこすればひとのくにをかたむく》」（美しい女が、国を危うくするの意）

ところで、こうした〝公娼〟の地は、京洛にどれくらいあったのであろうか。

一ヵ所につき五十疋《ひき》の公事銭とあるから、一疋＝十文＝約四百八十円であり、五十疋では二万四千円となる。大永《たいえい》八年（一五二八）の記録では、年間に十五貫を徴収していたとあるから、ほぼ二十ヵ所分ということになろうか。応仁の乱をはじめ、織田信長の登場により、戦火で娼楼の多くは焼失したようだが、これらによって久我家が滅んだ、との記録はない。

久我家はその後もしたたかに生き残り、信長の死後は豊臣秀吉に従い、文禄四年(一五九六)九月には、明韓使来朝のおり、接待役に予定していた侍女たちが大地震で死去したのを受けて、二条柳町の遊女たちを接待に出している。秀吉が没するや抜け目なく徳川家康を立て、江戸時代に入るまでその管理権を伝えていた。

もっとも、官許の遊里はほどなく久我家を離れ、幕府の管理下に移り、公事銭も「冥加金《みょうがきん》」と名を変え、取り立ても以前以上に厳しくなり、負担は戦国期の三倍ほどにも膨らんでいった。

中世日本にあった人身売買の実態

戦国時代に入ると、遊女にする目的もそうだが、女性が拐《かどわ》かされ、売りとばされるということが、実際に行われるようになった（関連前述参照）。

織田信長の一代記、『信長公記《しんちょうこうき》』の巻十二＝天正七年（一五七九）に、八十人もの女性を誘拐し、堺で売っていた人売り（女）が、信長配下の所司代によって成敗された、との記述があったが、これは氷山の一角――戦国時代、人身売買は半ば公然と行われていた。

そもそも古代の律令制における人身売買は、「奴婢《ぬひ》」に限定されており、「良民」の売り買いは禁じられていた。が、制度は常に腐敗するもの。源平合戦の動乱期に入ると、右の制度は崩壊した。木曾義仲《よしなか》の部将・手塚光盛《てづかみつもり》の孫娘である満寿《みず》は、生きるために身売りして、鎌倉で遊女となっている。全国的に発生した飢饉などが原因であったようだが、こうした人身売買は当時、本人の納得ずくのものであった。

ところが乱世となり、取り締まるべき〝公〟の警察権がなくなると、人さらいが横行するようになって、本人の意志に関係なく女子供は売り飛ばされた。

古くは鎌倉時代、「貞永式目《じょうえいしきもく》」の正応《しょうおう》三年（一二九〇）の項をみると、人身売買を行った者には、顔に烙印《らくいん》を捺《お》す厳罰を科する、との条目が追加されていた。これは、その頃それだけ人身売買が増えてきたことを意味していたといえる。

謡曲の「三井寺《みいでら》」「自然居士《じねんこじ》」「隅田川」(金春《こんぱる》では「角田川」)などにも、売られていく人々や人買いのことが、頻繁に出ていた。

こうした人買いの風習は、室町の世となっても減ることはなかった。

では、いったいいくらで人々は売り飛ばされていたのだろうか。戦国乱世において、甲斐《かい》の武田信玄(晴信《はるのぶ》)は侵略地の男女を、堂々と売っていた。『妙法寺記《みょうほうじき》』という当時の記録に拠れば、価格は男女ともに、二貫から六貫の間であった。

この記述は、天文十五年(一五四六)に信玄の軍勢が、信州の佐久《さく》郡・志賀城を陥《おと》したときのものであった。当時の米と銭の相場に拠れば、二貫文は米八斗(現在の四斗八升)となり、一升を約八百円とすれば、二貫文は三万八千四百円となり、六貫文であれば二石四斗(現在の一石四斗四升)となるから十一万五千二百円となる。

人ひとりの代価が、約四万から十二万円というのであるから、ずいぶんと酷《ひど》いものだ。しかし、人身売買は江戸時代に入っても行われ、〝神隠し〟、天狗につれていかれた、などの悲しい物語は後を絶たなかった。

本人が承諾しての身売りについては、昭和の戦前・戦中までつづいていたことを思うと、若い女性のあわれさ、幼い子供の悲しみが胸に迫ってくるようだ。

豊臣秀吉の天下統一によって、天正十七年（一五八九）に傾城里として二条柳町に娼家が集められた。暖簾《のれん》と格子を表に、その中に遊女が並ぶ。

原三郎左衛門という秀吉の駕籠《かご》かきが、遊女を抱えて洛中に傾城町をたて、歌舞を尽くして衆人をなぐさめたい、と願い出たという（『色道大鏡《しきどうおおかがみ》』）。傾城屋の古称を「くつわ屋」というが、これは原三郎左衛門が秀吉の馬の口取りをしていたので「轡《くつわ》屋《や》」と呼んだ、との説もあった（同右）。

これまで川口で小舟をもって客を誘った遊女、白拍子の世界が、ここに来て陸にあがって定着することとなる。やがて、川すじを衰亡させることにもつながっていく。

秀吉の時代、遊女は三つの階級に分けられていた。上は三十銭、中は二十銭、下は十銭とあり、これを定めた「定置目之事《さだめおきもくめのこと》」を取り締まるのは京都奉行の役目となった。

ちなみに、上＝「太夫《たゆう》」、中＝「天神」「囲《かこい》」（鹿恋《かこい》）と呼ばれる女たち。下はそれ以下ということ。一説に「天神」とは、菅原道真にあやかって梅の位をいったとの説もある。これに従えば、上の「太夫」は松の位。下は竹となる。

だが、この体制は秀吉亡きあと、関ヶ原での戦勝二年後に徳川家康によって、ふいに六条西洞院《にしのとういん》＝六条柳町に移転を強要される。

女かぶき・出雲阿国《いずものおくに》

ところで、傾城里が二条柳町から六条柳町に移った同時期、圧倒的な人気をもって京の人々に迎えられた踊りの一座があった。出雲阿国《いずものおくに》という女役者が、京都は四条《しじょう》河原《がわら》で小屋掛《こやが》けをはじめ、奇抜な踊りをして京の人気を集めたのは、ちょうど徳川家康が江戸に幕府を開き、国政の権力がそちらへ移った時代であった。

彼女の踊りは〝ややこ踊り〟と呼ばれ、別に〝念仏踊り〟というものも演じて、阿国は男装をして、一座の男連中を逆に女装させ、舞台で踊って唄わせた、と安土桃山時代の風俗を記した『当代記《とうだいき》』は述べている。

おそらく中世の、白拍子の服装を応用したものであったろう。

阿国は歌舞伎の創始者といわれているが、その素姓はいまだによくわかっていない。俗にいわれているのが、出雲大社の巫女《みこ》出身ではないか、との説。もともと巫女という職業は、前述したように、神と人との仲介者的な存在であり、神へ人の意思を伝えんがために、踊りを奉納するという側面を持っていた。

俗称の最初にある〝出雲〟は、自分の出身が巫女であることを示しているとか。別に、出雲大社の鍛冶《かじ》職の娘といい、近年では大和興福寺《やまとこうふくじ》の歩き巫女とする説も出ている。いずれにせよ、阿国の芸能活動は、幼き頃からの小唄《こうた》歌いの芸と、それに合わせて踊る旅芸の中で生まれたことは間違いあるまい。

天正《てんしょう》元年（一五七三）頃の生まれといい、同九年九月に宮中で踊ったのが、現在、知られる一番最初のもの。翌十年、奈良の春日大社の若宮で、〝国〟という十歳ほどの少女が〝ややこ踊り〟を演じたと興福寺多聞院《たもんいん》院主・英俊《えいしゅん》の『多聞院日記』は書き留めていた。同十六年には出雲の巫女を名乗って、京洛で神楽舞や小歌を演じている。おそらく、何らかのつ、て、を頼って、出雲大社の巫女を名乗る資格を、阿国は手に入れたかと思われる。

〝天下分け目〟の関ヶ原の戦いが行われた慶長《けいちょう》五年（一六〇〇）、女御《にょうご》の近衛《このえ》氏に〝クニ〟と〝菊〟という、二人の女性が〝ややこ踊り〟を演じて見せたと、西洞院時慶《にしのとういんときよし》の日記にも記述があった。

〝出雲阿国〟の名は、その歌舞伎とともに、京の人々から熱狂的に迎えられた。なかでも、俗説にしたがえば、美男の誉《ほま》れ高い、名古屋山三郎《なごやさんざぶろう》との間に浮き名を流したことが、阿国の人気を一層高めることになったという。

山三郎は、戦国大名の蒲生氏郷《がもううじさと》（織田信長の娘婿）のもと家来で、武辺者。流行の「傾《かぶ》き者《もの》」でもあり、今風にいえば京一のプレイボーイとして知られた存在であった。この彼との熱い関係は、物見高い京の人々の噂にのぼり、四条河原の阿国の一座にはますます、客が押しかけた。

だが、慶長九年（一六〇四）に名古屋山三郎が突然、この世を去ってしまう。最愛の人を失った阿国は茫然自失《ぼうぜんじしつ》となったかというと、さにあらず、そこは根っからの〝芸人〟であった。山三郎の死を逆に利用し、この悲哀を舞台にかけたという。

恋人の死を、阿国がどのように演出するのか——人々は興味津々で、四条河原の舞台に詰めかけた。阿国は客席から舞台に登場する。

自ら「傾き者」の衣裳に身をつつみ、自分は「名古屋山三郎」と名乗りを上げた。これを見た観客たちはこの演出に驚き、そして沸いたという。

その後、天下にその名を轟《とどろ》かせた阿国は、江戸城での興行も成功させたが、元和年間（一六一五〜二四）に入ると、なぜか、ぷっつりとその消息を絶ってしまった。

俗説では、出雲に帰って出家したという。一説には、率いた一座が小規模のままであったため、美貌で芸達者な女能や大資本の一座に押され、観客を奪われて、阿国の一座は自然消滅したとも伝えられている。

結婚は美人の定義と同じ

出雲阿国が、日本史の舞台からふいに消えたのと期を一《いつ》にして、徳川幕藩体制は女性を囲い込み、男女の自由な恋愛を徹底して禁止する方向へ動いた。

父や上司の決める相手と婚姻することが、当然とされる世の中が出現する。

恋愛は、悪徳なものと決めつけられた。誘惑に迷えば、厳罰が待っている。いきおい人々は、恋愛に不感症とならざるを得なくなる。武士につきあわされた公家、武士を手本とした商家でも、結婚は恋愛から切りはなされた。

わずかに残ったのが、庶民の世界であったかもしれない。

ただ、いびつな形になってしまった。それでなくとも女性の少なかった江戸では、働く男たちのために、公許の遊郭＝吉原や非合法の売春地域＝岡場所《おかばしょ》が誕生した。タテマエとホンネを、幕府は使いわけたわけだ。

——タテマエから、二つの「悪所《あくしょ》」が創られた。

男性のためには、幕府公認の売春＝吉原が、貞操を縛られた女性には売春のかわりに芝居があてがわれることとなる。

なるほど遊郭には、恋愛が残った。

遊女と客は恋をし、貞操観念にしばられにくい庶民＝男は、年季があけたら遊女を妻として所帯を持った。前歴にこだわる江戸っ子はほとんどおらず、恋愛結婚はそれ

『月耕随筆』より「芝居」

なりの価値を持つ一方、武家や商家の女性は、男の演じる歌舞伎の世界に、疑似の〝恋〟を思いえがき、現実の無味乾燥な生活の刺激として、ほっと一刻、空想の世界に身を置いてわが身のなぐさめとした。

恋愛と結婚は切りはなされ、恋愛から結婚へと進めた庶民も、イギリスに産業革命が起こり、織物の工業化の波が日本に押し寄せて来ると、夫婦共同での支えあう関係を徐々に崩壊させてしまう。女性の受けもっていた「衣」の仕事が、少しずつなくなってしまった。妻は炊事、洗濯、掃除(子育ても)をしながら、夫の帰りを家で待つ存在となり、やがて妻は夫の稼ぎを使うだけの立場にたたされてしまう。

織物が工業化されれば、各々の家で衣服を織り、縫う女性はいなくなる。当然、女性の収入は減少し、内職をのぞいてやがては消えてしまった。

それに追いうちをかけたのが、明治二十二年(一八八九)二月十一日に発布された、大日本帝国憲法であったろう。江戸の武家社会=封建社会が、そのまま近代に持ち込まれてしまった。

――日本人の結婚は、あるいは美人の定義と同じかもしれない。

日本の古代人の顔は、男も女も区別がつかないほどよく似ていた。洋の東西を問わず、古代には母系社会が多く、神と交わる巫女＝権力者に媚びるのは男性で、入墨や歯形を整え、化粧をした。女性は女らしさを男性に追求されることがなく、なるほど男同様の顔つきであっても、おかしくはなかったろう。

それが四世紀に入ると、すでにみてきたように、女権社会から男権社会へと移り、大和朝廷も男の天皇が継承する国家になった。女性は支配者ではなくなり、巫女の地位は下落。男女の立場は逆転し、女性は男性の歓心を買う境遇に追われる。

奈良時代になると、横に切れ長の瞼《まぶた》、例外のない三白眼が男女ともに顔の特徴として現れた。鼻すじが通っていて、形のいい鼻翼《こばな》がついている。男はこれに濃くて太い眉が、女には匂うような三日月眉が、各々つき、女には赤い唇が常識化した。

それに比べると、平安時代は遣唐使も止み、国内で独自の文化を培ったためか、『源氏物語絵巻』などをみると、「引目鉤鼻《ひきめかぎばな》」が代表的な顔になってくる。微かな細い目、鼻翼のない釣針型の鼻、口はますます小さくなったような気がする。

女性の頬《ほほ》は例外なく下膨《しもぶく》れ、つまり、おたふく顔となった。

髪を女の生命《いのち》とする考え方は、神話の時代から日本にはあったようだが、信仰をのぞいて実生活においては、平安京からのスタートかと思われる。真っ直ぐで豊かな髪は、長ければ長いほど美人の証《あかし》とされた。

平安時代の男たちは、顔よりもむしろ女の黒髪に恋慕していたとも受け取れる。眉は貴族の場合、男女ともに眉墨で描かれていた。それが武士の世となると、目が開かれ、鼻翼がたくましくなっていく。

つまり目鼻立ちが整い、卵形の顔が増え、色白の規格人形のような印象を受ける。室町幕府歴代の将軍の顔が、筆者にはすべて同じように見えた。これは流行した能の影響かもしれない。能面の気品と静寂さが、人々の顔にも影響を与えた、と考えられなくはない。

ところが応仁の乱を経て乱世になると、男の顔は一変して〝勇者顔〟となる。頼りがいのある、人間臭い顔とでもいえばいいのだろうか。特徴は口ひげ、顎ひげ、頬ひげか。戦国時代の女性は、その置かれた異常な環境からか、肖像画を見るかぎり感情を押し殺しているかのように、筆者には見えた。

戦国美人のお市の方は、黒髪にすんなりとした撫《な》で肩、切れ長の眼は澄んで美しく、そのまっ赤で小さな唇はきわめて魅力的であった。瓜実顔《うりざね》で面長《おもなが》のすっきりした美貌。ただ、眉は鑷子《けぬき》を用いて抜きとり、そのあと黛《まゆずみ》を使って眉を描いたかと思われる。

感情を押し殺してみえるのは、当時の化粧法にその原因がある、と説く研究者もいた。皆がこぞって、厚化粧をしているからだ、というのだ。

女性の化粧は平安時代から徐々に〝塗り〟が厚くなっていくのだが、最も濃かったのは戦国時代かもしれない。

江戸時代は、封建制の世である。戦国の諸式がそのまま持ち込まれ、一定の表現様式はかわることなく、顔の特徴だけはよりリアルに描かれるようになった。

が、男女の顔の好みはさほどかわっていない。日本人の男女ともに、大柄で大きな瞳、きりっとした眉を美しいといい出すのは、実はアジア・太平洋戦争後のことでしかなかった。その証左に、戦前一世を風靡した日本人女優やドイツ映画のヒロインをみても、現代の日本の若い人たちはその美しさが今一つピンとこないに違いない。

換言すれば、美人の価値観は時代によって変わった、ということ。さらに言いかえれば、いかなる女性もいつの時代にかは美人と評された、といえる。要は思い込み、習慣・風習にまどわされているにすぎない。結婚も、同断ではなかろうか。

こうでなければならない、という〝常識〟は、わずかな期間に作られた思い込みで、実は不変の原則などというものは、この世にはそもそもなかったのだ。

結婚の形式はこれからもかわるだろうが、その上辺《うわべ》にふりまわされることなく、その本質を落ち着いて見極めたいものである。

本書は祥伝社黄金文庫のために書下ろされました。

性愛と結婚の日本史

一〇〇字書評

切り取り線

購買動機（新聞、雑誌名を記入するか、あるいは○をつけてください）

- □ （　　　　　　　　　　　　）の広告を見て
- □ （　　　　　　　　　　　　）の書評を見て
- □ 知人のすすめで
- □ タイトルに惹かれて
- □ カバーがよかったから
- □ 内容が面白そうだから
- □ 好きな作家だから
- □ 好きな分野の本だから

●最近、最も感銘を受けた作品名をお書きください

●あなたのお好きな作家名をお書きください

●その他、ご要望がありましたらお書きください

住所	〒				
氏名		職業		年齢	
新刊情報等のパソコンメール配信を 希望する・しない	Eメール	※携帯には配信できません			

あなたにお願い

この本の感想を、編集部までお寄せいただけたらありがたく存じます。今後の企画の参考にさせていただきます。Eメールでも結構です。

いただいた「一〇〇字書評」は、新聞・雑誌等に紹介させていただくことがあります。その場合はお礼として特製図書カードを差し上げます。

前ページの原稿用紙に書評をお書きの上、切り取り、左記までお送り下さい。宛先の住所は不要です。

なお、ご記入いただいたお名前、ご住所等は、書評紹介の事前了解、謝礼のお届けのためだけに利用し、そのほかの目的のために利用することはありません。

〒一〇一－八七〇一
祥伝社黄金文庫編集長　吉田浩行
☎〇三（三二六五）二〇八四
ohgon@shodensha.co.jp

祥伝社ホームページの「ブックレビュー」からも、書けるようになりました。
http://www.shodensha.co.jp/bookreview/

祥伝社黄金文庫

性愛《せいあい》と結婚《けつこん》の日本史《にほんし》

平成27年6月20日　初版第1刷発行

著　者　加来耕三《かくこうぞう》

発行者　竹内和芳

発行所　祥伝社《しょうでんしゃ》

〒101－8701
東京都千代田区神田神保町3－3
電話　03（3265）2084（編集部）
電話　03（3265）2081（販売部）
電話　03（3265）3622（業務部）
http://www.shodensha.co.jp/

印刷所　萩原印刷

製本所　積信堂

Printed in Japan　© 2015, Kouzou Kaku　ISBN978-4-396-31666-2 C0121